妖怪萬画

妖怪萬画

YOKAI MANGA vol.2

絵師たちの競演

Ukiyoe of Monstrous Creatures

青幻舎
SEIGENSHA

YOKAI MANGA vol.2

Ukiyoe of Monstrous Creatures

First published in Japan in 2012
by Seigensha Art Publishing, Inc.
http://www.seigensha.com

化け物の話を一つ、出来るだけきまじめに又存分にしてみたい。けだしわれわれの文化閲歴のうちで、これが近年最も閑却せられたる部分であり、従ってある民族が新たに自己反省を企つる場合に、特に意外なる多くの暗示を供与する資源でもあるからである。

柳田國男『妖怪談義』

目次

カバー使用図版

表1・表4　河鍋暁斎『暁斎百鬼画壇』部分／河鍋暁斎記念美術館蔵
　表4　勝川春英『異摩話武可誌』部分／ボストン美術館蔵
表4袖　歌川国芳《道外化ものの夕涼》部分／個人蔵
　背　鳥山石燕『画図百鬼夜行』部分／川崎市市民ミュージアム蔵

表紙使用図版

表1・表4　勝川春英『異摩話武可誌』部分／ボストン美術館蔵
　背　河鍋暁斎『暁斎百鬼画壇』部分／河鍋暁斎記念美術館蔵

凡例

・妖怪名の表記は、地域、時代、伝承により多種多様にわたるため、本書では参考文献［254頁］を典拠とし、より汎用性の高い通称で表記している（場合によっては併記）。なお、すべて現代仮名遣いにより表記した。

・各図版に記されたデータは《タイトル》制作年／画材／所蔵先の順で示している。制作年については、西暦で示し、不詳の場合は制作時期（時代、判明しているものは年号）を記している。

・江戸時代の時期区分については美術史に倣い、次のように区分した。「江戸時代中期」は十七世紀後半から十九世紀初頭（一八〇六年頃）まで、「江戸時代後期」は十九世紀初頭から中葉まで、「幕末」は一八五〇年代（ペーリー来航）から大政奉還までを目安として表記している。

はじめに

黄昏は、古くは「誰《た》そ彼《かれ》」でした。「彼《か》は誰《たれ》」とも言ったそうです。辺り一面が闇に包まれはじめ、気配はあっても、その姿がしかとは見定めにくい夕暮れどき。ひとびとはそんな心細さを言葉巧みに表現していたのでしょう。

妖怪画を生み出したのも、同じように不安や畏れの心持ちです。実体がなく、正体不明で不可解なもの、あるいはぞっと背筋が冷たくなったなんて体感すらも、目に見える姿に描き出しました。歴史上、このような妖怪画が現れるのも、決まって「黄昏どき」でした。

妖怪画が初めて日本の絵画史に現れるのは十二世紀。貴族社会から武士政権へと大きく変わりゆく時代でした。その後、妖怪画が目に見えて盛んに描かれるのは、時代の大きな転換期です。下克上が繰り返される戦国時代。徳川政権が揺らぎ、開国への気運が高まる江戸後期から文明開化を遂げる明治期。いずれも、時代の黄昏どきから新時代の夜明けまでの狭間なのです。

それでは、現代はどうでしょうか。わたしたちは、一見すると不夜城となった時代を生きています。科学技術や経済の発展のおかげで、どこもかしこも照明が灯り、かえって昼間より明るいのではないかといった眩《まぶ》しさです。黄昏も、暗闇もありません。しかし、相次ぐ妖怪映画の興行や出版など、昨今の妖怪ブームを見るかぎり、妖怪たちはむしろ意気揚々と息を吹き返してさえいます。現代もまた、時代の黄昏であり、新たな時代の夜明けとでもいうのでしょうか。実際、あるときは自然の力によって、あるときは自らが築きあげてきた文明によって、ひとびとの心には新たな影が落とされています。

わたしたちの先祖は、暗闇にいかなるたくましい想像力をもって対峙してきたのでしょうか。妖怪画の系譜は、心の闇に根ざした日本人の心性の歴史です。これが、柳田國男が言うところの「ある民族が自己反省を企つる場合に、意外なる多くの暗示を供与する資源」なのかもしれません。

そこで『妖怪萬画』のはじまりです。

本シリーズでは上下巻にわたって、古くは平安時代の怪異表現から、明治初期までの、ざっと七〇〇年以上にわたって描かれ続けてきた「萬《よろず》」の妖怪画を収録しています。いわば、妖怪画のダイジェスト版といったところでしょうか。「萬の妖怪画」ということもあって、マンガとは通常、「漫画」と表記しますが、あえて「妖怪萬画」と題しています。

上巻では、比較的早い時期に描かれた妖怪絵巻物を主軸に紹介してきました。続く下巻では、江戸時代中期以降の妖怪画を中心に紐解いています。

江戸時代中期はまさに町人文化が花開いた時期でした。それには、出版メディアが大きく寄与しています。そこで第1章では、版本に描かれた妖怪画を収録しました。草双紙《くさぞうし》を主な舞台に、続々とニューフェイスの妖怪たちが登場します。それら妖怪たちは、もはや怖い存在なんかではありません。笑いや娯楽の対象であり、いわゆる人気のキャラクター商品でした。

そして第2章では、錦絵《にしきえ》最盛期の絵師たちによる妖怪画を取り上げています。元禄時代以降の文化熟爛を背景に、ひとびとの娯楽もますます活況を得ます。巷《ちまた》では見世物や歌舞伎の怪談ものが流行し、妖怪画にも「役者絵」や「芝居絵」

といったかたちで影響が見られます。幕末近くなると、世俗をコミカルに描いたパロディや、揺らぐ政権を痛烈に風刺した浮世絵に妖怪たちは登場します。

第3章は、幕末から明治初期にかけての激動の時代に活躍した月岡芳年《つきおかよしとし》、河鍋暁斎《かわなべきょうさい》、二人の絵師による競演です。

序文は現代美術について著作を多数手がけられている美術評論家の椹木野衣《さわらぎのい》氏にお願いしました。現代における妖怪画、あるいは妖怪的なる表象について書いていただいています。妖怪が存在の不安や自然現象への脅威に端を発していたのであれば、今も昔も変わらないはずです。妖怪画の歴史をわたしたち自身の現代を生きる問題として読み解く手だてになればと思います。

妖怪画の古典中の古典「百鬼夜行《ひゃっきやこう》」ではじまった本シリーズは、同じく「百鬼夜行」の焼き直し『暁斎百鬼画壇《きょうさいひゃっきがだん》』で幕を閉じます。最終ページにお目見えするのは、煌々と照らす真っ赤な暁。そう、そろそろ夜が明けるのです。

編者敬白

序

妖怪のビッグバン

椹木野衣

上巻では、日本美術史家の辻惟雄氏が、ご自身の解説および中国美術史家の板倉聖哲氏との対話を通じて、「妖怪」の起源を遠く中国の「漢書」にまで辿って論じてくださったので、ここでは時代をずっと下り、「妖怪」と私たちが暮らす現代とのつながりについて考えてみたい。

　このことについて最初の手掛かりとなったのは、作家の京極夏彦氏があるエッセイ*で引いた、妖怪とは「水木しげるがつくったもの」という言葉だ。これを京極氏は、とあるアンケート調査の結果のなかで目にし、思わず「唸ってしまった」というのだが、私も同感である。妖怪とは、学術的には数百年もの時を遡ることができる一方で、現代の私たちにとって真っ先に浮かんで来るのは、「ゲゲゲの鬼太郎」や「猫娘《ねこむすめ》」、それに「子泣《こな》き爺《じじい》」や「ぬりかべ」をはじめとする、水木漫画の人気キャラクターとしての「妖怪」なのではないか。

もっとも、「鬼太郎」そのものは最初から人気があったわけではない。数々の紆余曲折を経て、『ゲゲゲの鬼太郎』がテレビアニメ化されたのは一九六八年のこと。これが火付けとなって、妖怪としての「鬼太郎」は、子供たちを中心に国民に広く知られることとなり、併せて、鬼太郎に近しい味方的な存在として、「砂《すな》かけ婆《ばばあ》」や「一反木綿《いったんもめん》」、「つるべ火」など、それまでほとんど認知されていなかった、出自も性格も異なる妖怪が、広くまとめて知られることになったと思われる。実際、私たちがいま、「妖怪」と聞いたとき、これらの「水木妖怪」を抜きに、近代以前の「百鬼夜行」の原・妖怪を思い浮べることのできる人は、ほとんどいなかろう。それほど、水木しげると妖怪は、切り離しがたく密接な関係を持っている。妖怪とは「水木しげるがつくったもの」という回答は、実は、かなり核心に迫っているのである。

妖怪が、一方で中国に由来する、とても古い起源を持ちながら、他方では、

*京極夏彦『化物草紙の妖怪再び』(アダム・カバット校註編『大江戸化物細見』小学館、2000年より)

近過去にさらに強い出自を持つと私が考えるのは、このことによる。けれどもその際、別の大きな謎が登場する。なぜ、妖怪たちは、鬼太郎ブームより遥か昔から存在していたにもかかわらず、この時期、第二の誕生を果たし、国民的存在と言ってよい、圧倒的に広い支持を得ることができたのだろう。

私自身、幼いころに鬼太郎のテレビアニメに夢中になり、市販の子供向け妖怪図鑑など手に入れた日には、厭きることなく眺めては妖怪の名前や出身地、加えて弱点(これが大切なのだ)を憶えようとしたクチだ。だからよくわかるのだが、妖怪の魅力とは、まちがいなく、そのヴァリエーションの多さだった。テレビの設定では、鬼太郎が正義の味方として妖怪退治に邁進していたけれども、実際に子供が引きつけられていたのは、ヒーローとしての鬼太郎というよりは、「次回はどんな妖怪が登場するのか」という、奇抜な新キャラ見たさの関心だったと思う。言い換えれば、ハラハラドキドキの続き物語というよりは、回を追うごとに図鑑的に妖怪が増えてゆくことへの楽しみ(それは、どの妖怪がいちばん強いのかといった妖怪同士の比較検討に容易に発展する)でもある。これは、従来から説かれている、妖怪と博物学的想像力との通底ともよく馴染む。また、図鑑とは基本的にデータベースであるから、必ずしも本のかたちを取る必要はなく、個々にバラしてカード化すれば、後のカードゲームなどにも自然な移行が可能である。そこまで時期を下らなくとも、三〇分を単位として毎週放映されるテレビアニメの番組枠自体が、壮大な物語を語り継ぐよりも、毎回、異なる設定で異なる妖怪を登場させるための、言ってみればカード的な形式性を、あらかじめ備えていたとも言える。

このように、少なくとも自分の記憶を辿るかぎり、当時の子供は、鬼太郎による勧善懲悪的な物語だけを楽しんでいたわけではなかった。それよりは、毎回異なる妖怪が現れては思いもしない武器で攻め立ててくる、無数のヴァリエーションのほうを心待ちにしていた。妖怪をめぐるこのヴァリエーションの多さというのは、妖怪について考えるうえで極めて重要な点で、先に挙げた上巻の辻・板倉対談でも、日本独自の妖怪の特徴として、数度にわたり強調されている。

この点に着目すれば、なぜ、それまで鳴かず飛ばずだった水木妖怪に、一九六〇年代後半という時期に火がついたのかも理解できよう。つまり、妖怪の普及のためには、三〇分の短編で（原則として）毎週完結のテレビアニメという図鑑的な「形式」が、とても大きな意味を持ったということだ。もっとも、この新しい形式が活きるためには、まずもってテレビというメディアが国民に広く共有されている必要がある。すると、一家に一台という万遍のないテレビの普及が一気に広がったのが、一九六四年の東京オリンピックをきっかけとしたことが、即座に思い浮かぶのである。私自身、一九六二年の生まれだから、物心がついたころには、華奢な四本足で家具のようなデザインのテレビ（モノクロでチューナーによるコンバータ方式だったが）が、家族の団欒の中心に場を占め始めていたことをよく覚えている。考えてみれば、講談社児童漫画賞を受賞し、水木しげるが後に鬼太郎を始めとする妖怪ものをテレビに乗せる飛躍の機会となった『テレビくん』（傍点筆者）もまた、東京オリンピックの翌年の一九六五年に『別冊・少年マガジン』に掲載されている。これをきっかけに、『悪魔くん』や『河童の三平』といった、一連の水木漫画独自の妖怪ワールドも確立され、いずれもたて続けに特撮でテレビドラマ化されることになる。この流れを汲んで、妖怪にビックバンをもたらした先のアニメ版『ゲゲゲの鬼太郎』の登場に至るのである。妖怪にしてみれば、まさにテレビ様々だろう。

このように、わずか数年のうちに爆発的に普及した妖怪の「ビッグバン」のためには、テレビという新奇のメディアの普及に加え、週代わりで新手のキャラを出し続けなければならない番組枠に容易に対応できる、妖怪ならではの百鬼夜行的＝博物学的性質が、実に大きな働きをなしたのである。テレビと妖怪は、いわば相思相愛、時代の後押しもあって、ぴたりとフィットしていた。まさにテレビと妖怪のランデブーさながらである。

さらに話を先へと進めよう。妖怪とテレビの親和性、およびその豊富な博物学的ヴァリエーションについて考えたとき、妖怪と怪獣との距離は、一気に縮まるということだ。

一般には、妖怪と怪獣とはまったく別物と考えられている。ある程度まではそうだろう。事実、妖怪と怪獣は、歴史的には異なる系譜にある存在だ。けれども、両者が爆発的な人気を得た時期が、ほぼ六〇年代半ばから七〇年代初頭と一致していること、そして双方ともテレビと親和性の高い博物学的ヴァリエーションを持ち、三〇分で週代わりという形式に十分に対応できる「百鬼夜行」

性を持つものであったことを考えるなら、どうだろうか。そこには、一方は水木しげるが、他方は円谷プロダクションによっていくたのヴァリエーションが提供されたという決定的な違い以上のものが、はたしてあるだろうか。実際、調べてみると、先の『悪魔くん』（一九六六〜六七年）から『河童の三平』（一九六八〜六九年）を経て『ゲゲゲの鬼太郎』（一九六八〜六九年）に至る妖怪のゴールデン・リレーは、『ウルトラQ』（一九六六年）に始まり『ウルトラマン』（一九六六〜六七年）を経て『ウルトラセブン』（一九六七〜六八年）に至る、これまた偉大な怪獣と星人からなるリレーと、ほとんど時を同じくしているのである。さらに、ここに一九七一年から始まる変身ブームを牽引して今日に至る石森章《いしのもりしょう》太郎《たろう》の『仮面ライダー』に登場した、ショッカー操る「改造人間＝怪人」や、永井《ながい》豪《ごう》の『マジンガーZ』（一九七二〜七四年）や『グレートマジンガー』（一九七四〜七五年）に登場する「機械獣《きかいじゅう》」や「戦闘獣《せんとうじゅう》」、さらにウルトラシリーズを継ぐ『ウルトラマンA《エース》』（一九七二〜七三年）での「超獣」、『ウルトラマンレオ』（一九七四〜七五年）での「円盤生物」などを含めれば、広義の「妖怪」の博物誌は、実に膨大な量にふくれあがることになる。そのなかには、赤鬼・青鬼を参照してつくられた三億五千年前の怪獣バニラ（赤色火焔怪獣《せきしょくかえんかいじゅう》）とアボラス（青色発砲怪獣《せいしょくはっぽうかいじゅう》）、「雪ん子」の亡き母親が甦ったとされる伝説怪獣ウー（いずれも『ウルトラマン』）といった妖怪を彷彿とさせるものから、妖怪が持つもうひとつの大きな特徴とされる「物怪《もののけ》」的な性質をそのまま受け継いだ、餅好きの臼《うす》怪獣モチロン（『ウルトラマンタロウ』）といった、ほとんど付喪神《つくもがみ》と言ってよい存在も少なくない。そして、これらの定番の人気番組が今日、リバイバルで映画化などを施される際、必ずや過去の怪獣が軒並み復活し、異形の群れをなして軍団を組む様を頻繁に見掛ける。これなどはまさしく、装いを新たにした現代の「百鬼夜行」そのものであろう。

こうした大きな視野のなかでは、よく言われるような、妖怪に実体はなく、怪獣は主に古代の生物などが放射能などで変異したもの（つまり前者は「生物」ではないが、後者はれっきとした生物である）といった分類は、まったく意味をなさない。実体がないと言えば怪獣だって初めから実体などないし、怪獣のなかにも、伝奇的で妖怪のごとき朧《おぼろ》げな存在は数多くいるからだ。さらには、両者の普及に少年漫画のグラビアを通じて、それこそ「超」が付く博物学的な図解を施し、怪獣と妖怪の双方にわたり共通の図鑑的フォーマットを提供した編集家、大伴《おおとも》昌司《しょうじ》の介在も、子供たちが妖怪と怪獣を「二股掛ける」のに、一役も二役も買ったと言えるだろう。これらのことから、妖怪と怪獣はほぼ同じメディア的性質を持つものであり、「怪異」や「変化《へんげ》」全般を指す語の集合論的な定義からすれば、怪獣とは、より大きな「妖怪」概念をなす、ひとつのサブ・ジャンルとすることもあながち不可能ではないと思う。

このように、妖怪とは戦後の高度成長期が生み出したメディア上の産物にほかならない。だとしたら、「妖怪」には、短くも濃密に圧縮された歴史にまつわる、作り手自身の私的な記憶のフィードバックが強く反映されているはずだ。具体的には、戦争の記憶だろう。妖怪のビッグバンを引き起こした水木しげるにせよ、怪獣の生みの親といってよい円谷《つぶらや》英二《えいじ》にせよ、彼らの戦後の活躍は、かつての太平洋戦争中の体験を抜きには考えられない。『ゴジラ』（一九五四年）に始まる円谷英二の快進撃の背景には、戦時中のプロパガンダ映画のために培われた海戦ものから空戦ものに至るジオラマ技術（代表作として『ハワイ・マレー沖海戦』一九四二年）がある。これらの「特撮技術」が戦後、「怪獣もの」というかたちに転用され、子供向けの娯楽分野にふんだんに注ぎ込まれたのである。こうした戦争からの影響は、関わり方こそ違えども、水木しげるが、みずからが戦争で片腕を失った「傷痍軍人《しょういぐんじん》」であり、ことあるたびに戦時中のことを語り、戦争を主題とした多くの作品を手掛けていることにも、あきらかだろう。水木しげるの妖怪ものには、しばしば愚かな権力者を「物怪」の一種として茶化す場面が出てくるし、古い百鬼夜行図を参照しつつも新たに描き直された「妖怪画」には、戦時中にパプアニューギニアのラバウルに兵士として送られ、数日間ジャングルをさまよい歩いたあげく九死に一生を得たという、南島での幻影のような体験の反映が、はっきりとうかがえる。このことは、彩色された妖怪画ではより顕著で、そこに現れる日本離れした極楽とも地獄ともつかぬ森（というよりは密林）のイメージは、日本列島に限られた民話的想像力が喚起する植生や鬱葱《うっそう》を遥かに超えている。

話を怪獣に戻せば、そもそもゴジラはアメリカによる南島での水爆実験の結果、放射能による膨大な被曝で変異した古代の生物であった。この南島への夢幻的な想像力は、同じ円谷英二が特撮監督を手掛け、一九六三年に公開された

『マタンゴ』などにも受け継がれている。南の孤島で見知らぬキノコを食した者が次々とキノコの化け物に変異する描写は、舞台こそ国外でも、あきらかに日本古来の伝奇的想像力に由来している。水木しげるの妖怪に通ずる、こうした南島的想像力は、『ウルトラQ』での南島の大ダコ怪獣スダールや、『ウルトラマン』や『ウルトラセブン』で、多々良島《たたらじま》をはじめとする南島と思しき設定で必ず登場する怪奇植物スフランなどにも、共通のものだろう。南方にまつわ

「水木しげるの妖怪の森」（月刊太陽9月号 特集「妖怪現れる」 1995年9月1日／平凡社） ©水木プロダクション

るこれらの濃厚なイメージは、日本が戦時中に「大東亜共栄圏」を標榜し、列島を離れて太平洋の全域に散らばる南島群にまで権益を拡大しようとしたことに、おそらくは由来する。それまで、狭い日本列島か、せいぜい入植した中国大陸などに散らばり、広大な荒れ地に直面していた日本人にとって、この西洋からの「植民地奪回戦争」は、結果として、彼らにイメージの並外れた夢想と飛躍をもたらすことになったに違いない。

こうして考えてみたとき、今日の妖怪とは、本書に登場する古典的な妖怪像を下敷きにしつつも、いまなお残る生々しい戦中・戦後の記憶の反映や、高度成長期のメディアの発達によって、妖怪の本来の意味である「変異」現象が、広く南島のイメージや宇宙からの侵略者というファンタジー、そして第二次世界大戦で頻繁に描かれた機械化兵器への憧憬としてのロボットなどにまで拡張されたものだと言えるだろう。そこでは、「物怪」の扱う領域もまた、超域的に広がっている。妖怪とするか霊現象とするかは意見の分かれるところかもしれないが、「もの」の怪という意味では、こうした領域の拡張は、かつてのラジオやテレビのような家具調のメディアにはじまり、現在のコンピュータや電話回線、ビデオから各種ディスク、インターネットに至るまで、「情報」そのものに〝憑いて〟、劇場映画『リング』（一九九八年）や『呪怨』（二〇〇三年）の大ヒットに象徴されるような、あらたな都市＝情報怪奇伝説をいまなお生み出し続けている。あるいは、『新世紀エヴァンゲリオン』（一九九五〜九六年）に登場した正体不明の「使徒」などは、妖怪と怪獣の性質をちょうど兼ね備えて混合した、現時点での最新の妖怪像であるかもしれない。

他方、水木しげる自身が鬼太郎シリーズのなかで、「日本の妖怪vs西洋のモンスター」という、第二次世界大戦の構図のユーモラスな再現を思わせる設定で、妖怪たちに再び「日米戦争」を闘わせることで示したように、西洋のモンスターは、吸血鬼ドラキュラにせよ、狼男にせよ、フランケンシュタインの怪物にせよ、滅びた肉体や光と対比された闇といった、キリスト教的な意味での悪魔（異端）という実体に多くを負っている。ところが、もともと「物怪」にすぎず実体もなく、気象から思念に至るかたちなき怪異現象に由来する妖怪は、「もの」という言葉が西洋で呼ぶ「物質」とはまったくことなるニュアンスを持っている。たとえ対象が物でなくても、「妖怪」はどんな「もの」にでも憑依することが可能なのだ。

こうして妖怪は、自然現象であろうが情報端末であろうが、過去であろうが現在であろうが、まったくおかまいなしに万物を依代《よりしろ》としてスルリと対象に入り込む。きっと、これからも突拍子もないところからひょっこり姿を現して、私たちをギョッとさせてくれるに違いない。妖怪は不滅なのだ。もしくは、妖怪が一向に姿を現さず、目に見えるモンスターばかりが我が物顔に世を跋扈《ばっこ》するようになったとき、われらが日本は、本当の意味で終わりを遂げるのかもしれない。

第1章 妖怪なんて怖くない

鳥山石燕《とりやませきえん》

1712-1788
江戸時代
初期〜中期

江戸時代も安永年間（一七七二―八〇年）になると、妖怪画を語る上で欠くことのできない版本が誕生する。鳥山石燕の『画図《がず》百鬼夜行《ひゃっきやこう》』（一七七六年）である。本書以前も、多種多様な妖怪のすがたに名を記した「妖怪図鑑」ともいうべき絵巻物はあったが、肉筆で描かれたこともあって、目にするひとは限られていた。しかし、複製可能な木版による版本のおかげで、「妖怪図鑑」が一気に庶民の間で広まったのである。本書は人気を博し、『今昔《こんじゃく》画図《がず》続《ぞく》百鬼《ひゃっき》』（一七七六年）、『今昔《こんじゃく》百鬼《ひゃっき》拾遺《しゅうい》』（一七八〇年）、『百器《ひゃっき》徒然袋《つれづれぶくろ》』（一七八四年）と続編が相次いだ。このような石燕の妖怪図鑑シリーズには、百鬼夜行絵巻などに描かれていた伝統的な妖怪に加えて、日中の故事や古典、あるいは流行りの謡曲や本草学（博物学）を元に新たに創り出した妖怪などざっと二〇〇を超える妖怪たちが登場する。石燕は後世の妖怪画に大きな影響を与えたばかりか、水木しげるのマンガに登場する妖怪の多くは、この石燕の妖怪画に拠っており、その影響は現代にいたるまで絶大だ。

31―37頁『画図《がず》百鬼夜行《ひゃっきやこう》』1776年／版本（抄録）／川崎市市民ミュージアム

幽谷響《やまびこ》

しょうけら

ひょうすべ

○塗佛 ぬりかとけ

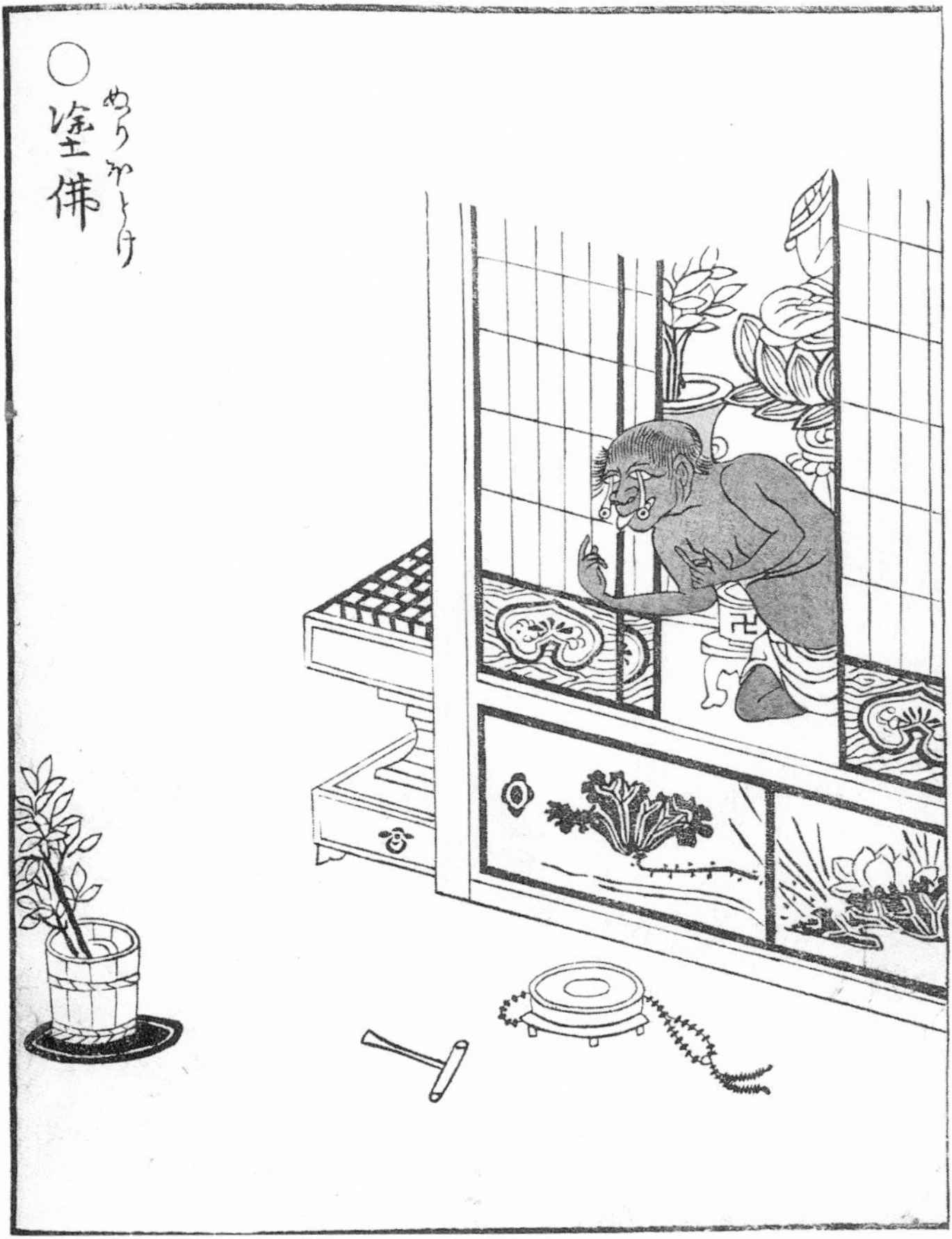

塗仏 ぬりぼとけ

○濡女_{ぬれをんな}

濡女_{ぬれおんな}

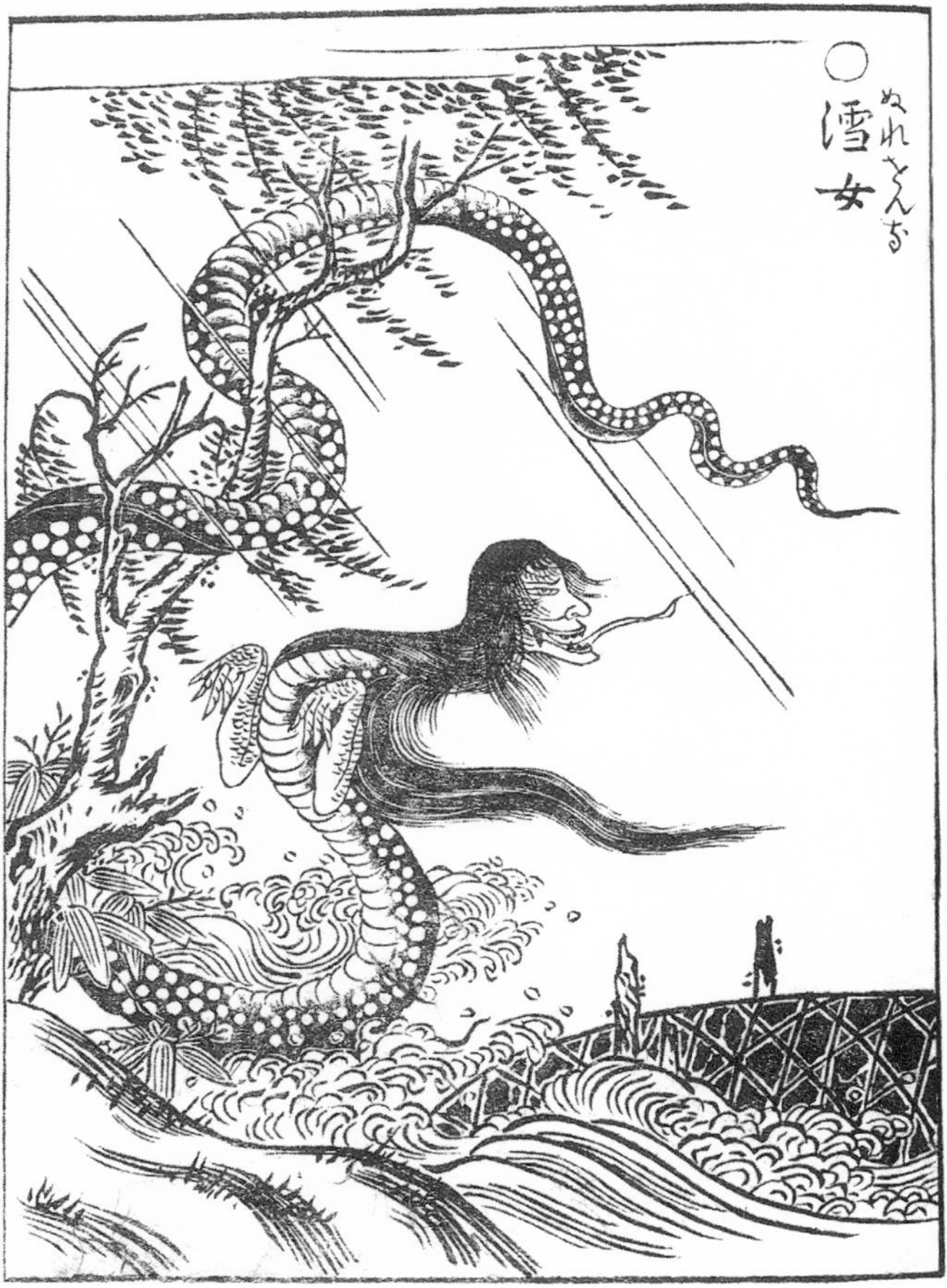

○
赤舌

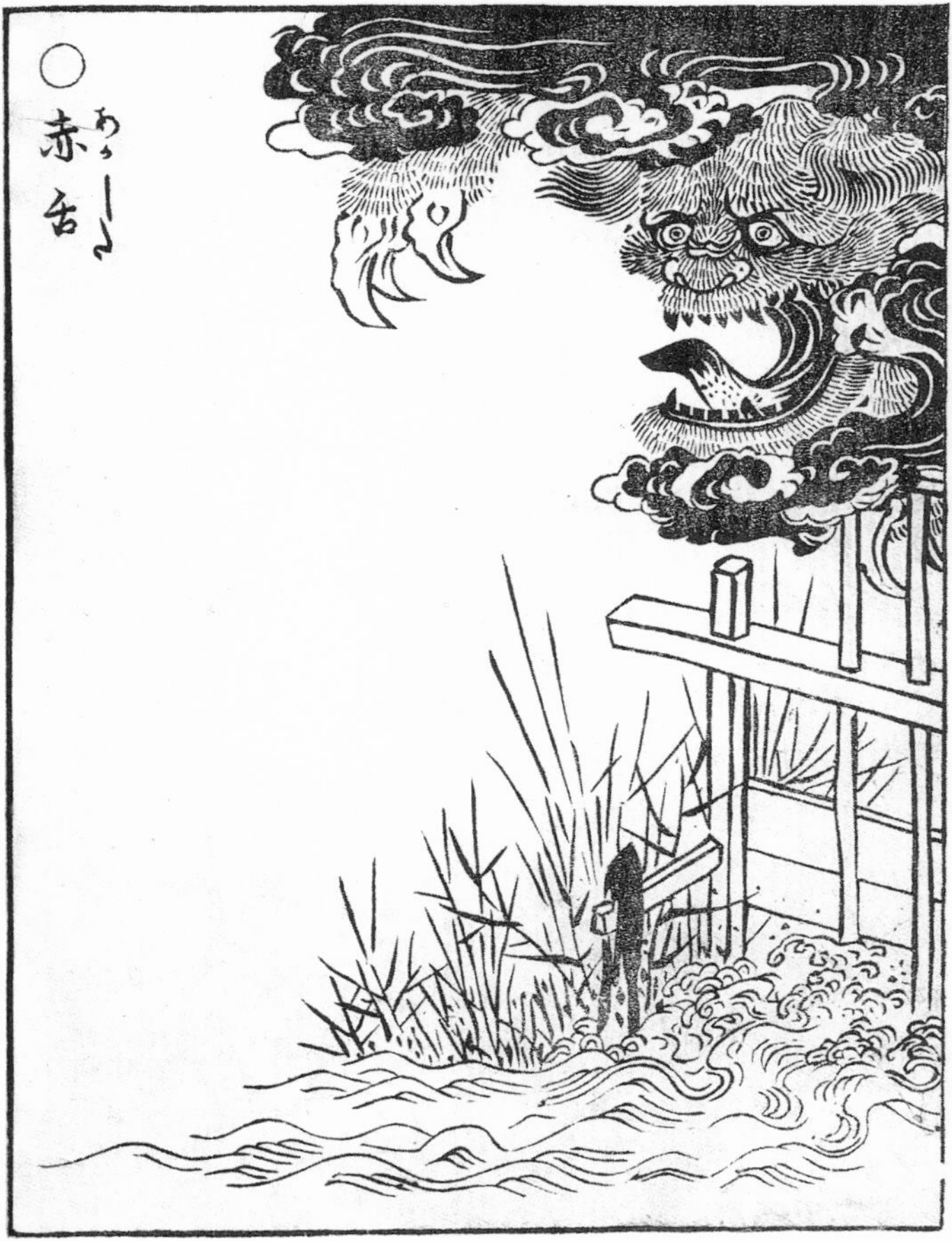

赤舌^{あかした}

ぬっぺらぽう

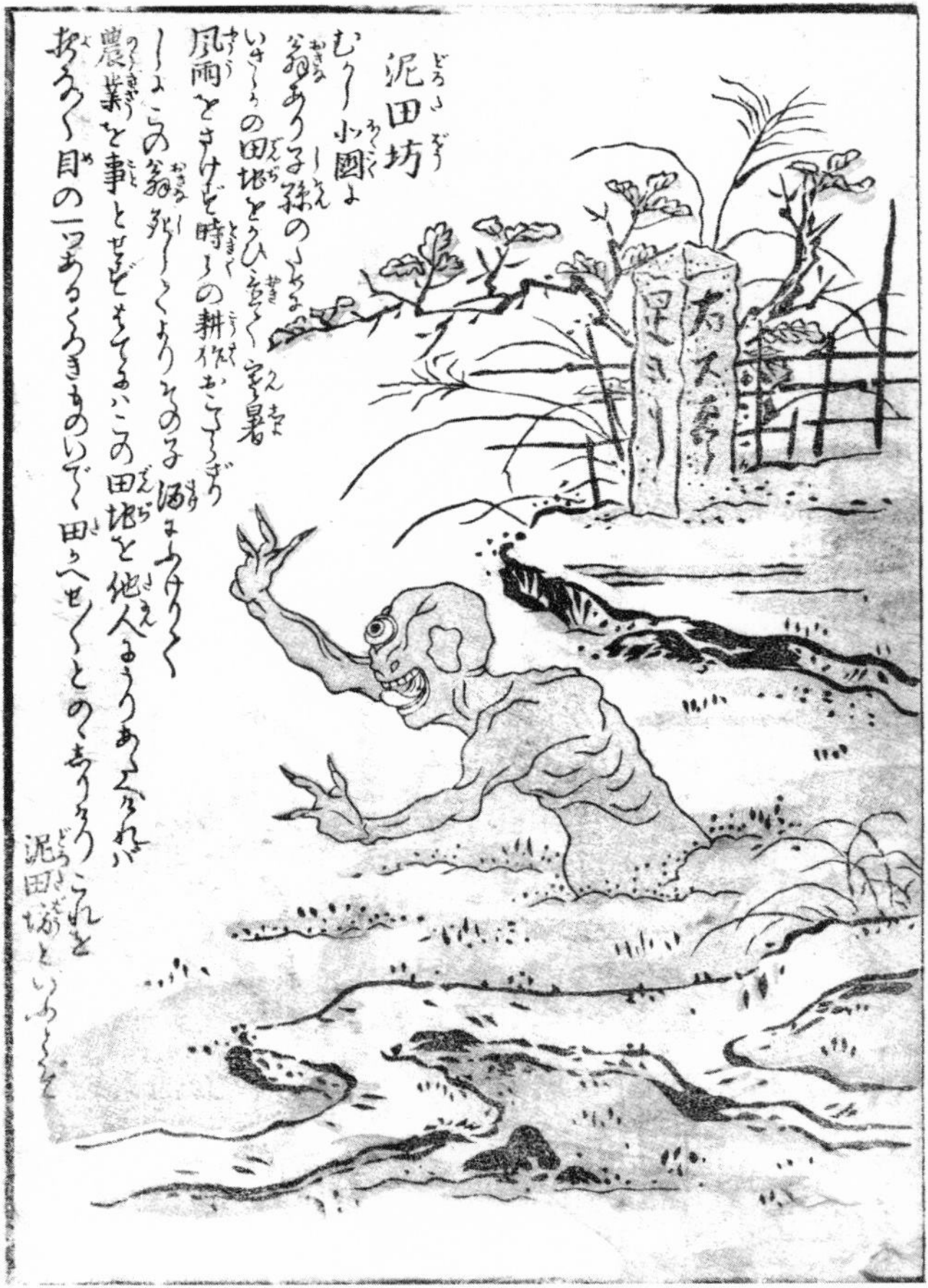

38―45頁『今昔百鬼拾遺《こんじゃくひゃっきしゅうい》』1780年／版本（抄録）／国立国会図書館

泥田《どろた》坊《ぼう》

古庫裏婆
僧の妻を梵嫂といへるよし
輟耕録に見えたりある山寺に
七代以前の住持の愛せし
庫裏にすみて
檀越の米銭をかすめ
新死の
屍の皮を
餌食と
せしとぞ
三途河の奪衣婆
よりもおそろしく

古庫裏婆《こくりばば》

影女
ものゝけある家
には月かげに女の
かげ障子にうつる
と云 荘子にも
罔両と景と問答せしことあり
景ハ人のかげなり 罔両ハ景のそばにある微陰なり

影女《かげおんな》

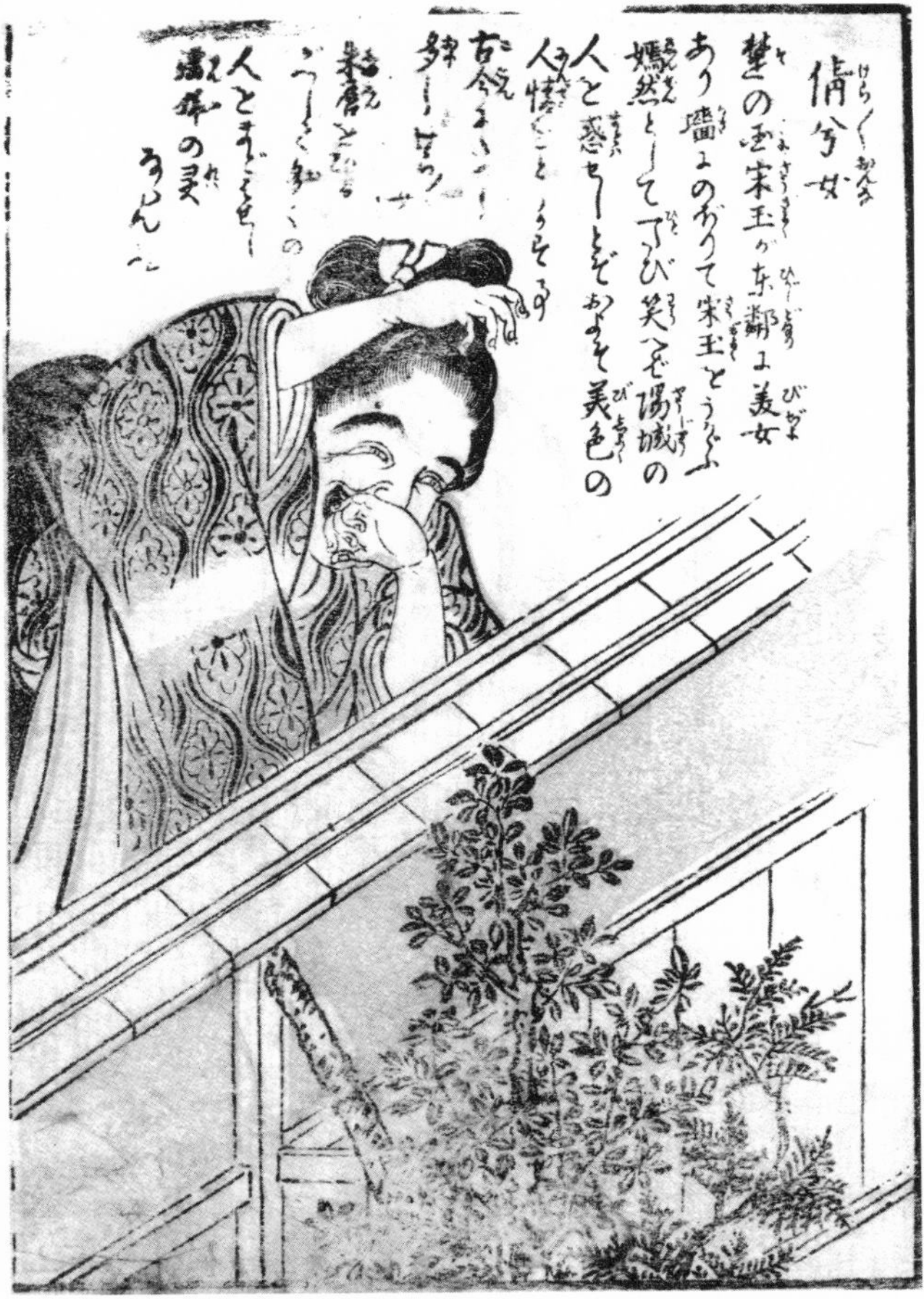
倩兮女
楚の国宋玉が東鄰に美女
あり墻にのぼりて宋玉をうかゞふ
嫣然として一たび笑へば陽城の
人を惑せしとぞおよそ美色の

倩兮女《けらけらおんな》

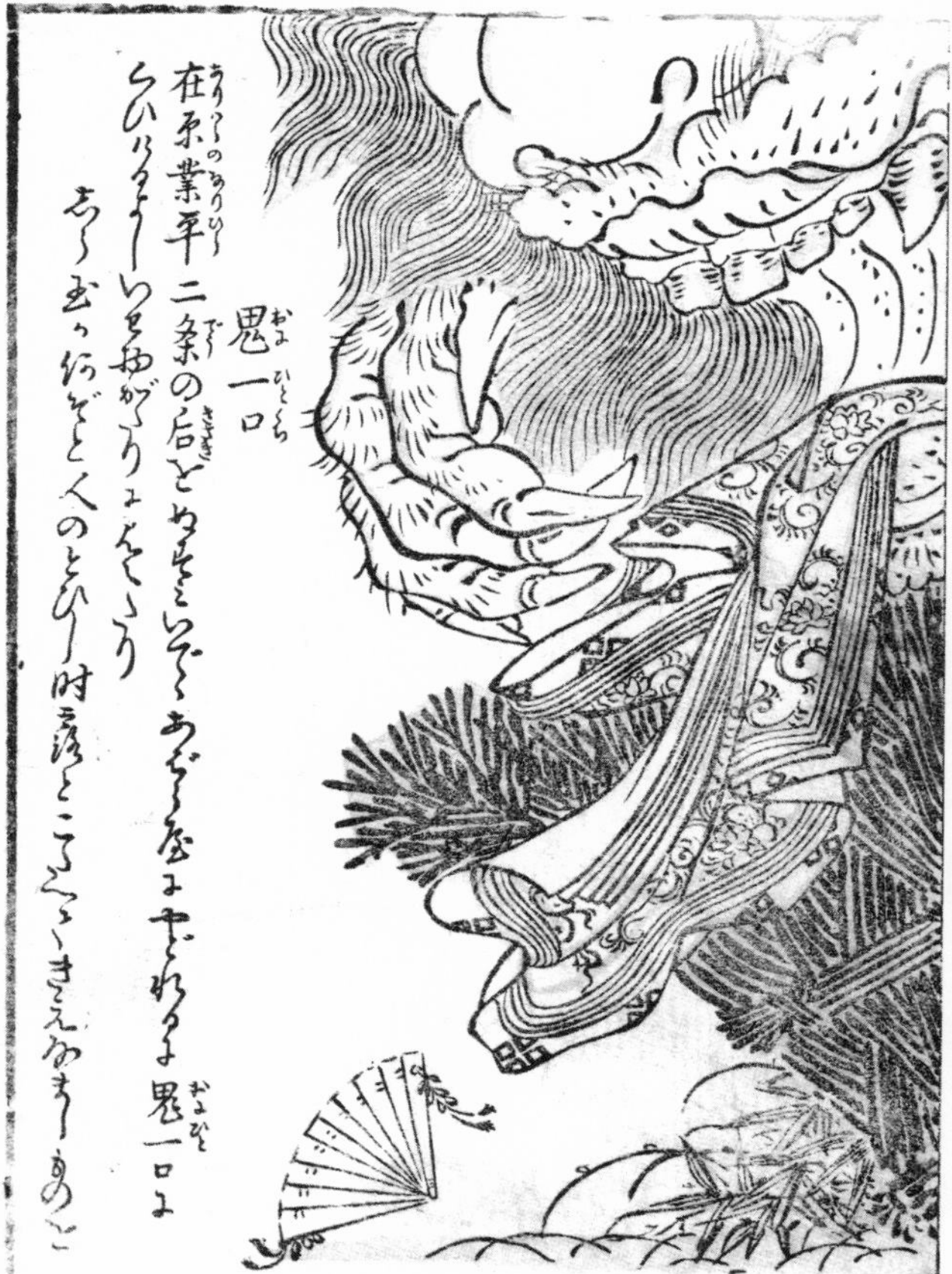
鬼《おに》一口《ひとくち》
在原業平《ありはらのなりひら》二条《でう》の后《きさき》をぬすみてあくた河をわたりて鬼一口《おにひと》に
くはれしよし伊勢物語にみえたり
しら玉か何ぞと人のとひし時露とこたへてきえなましものを

鬼《おに》一口《ひとくち》

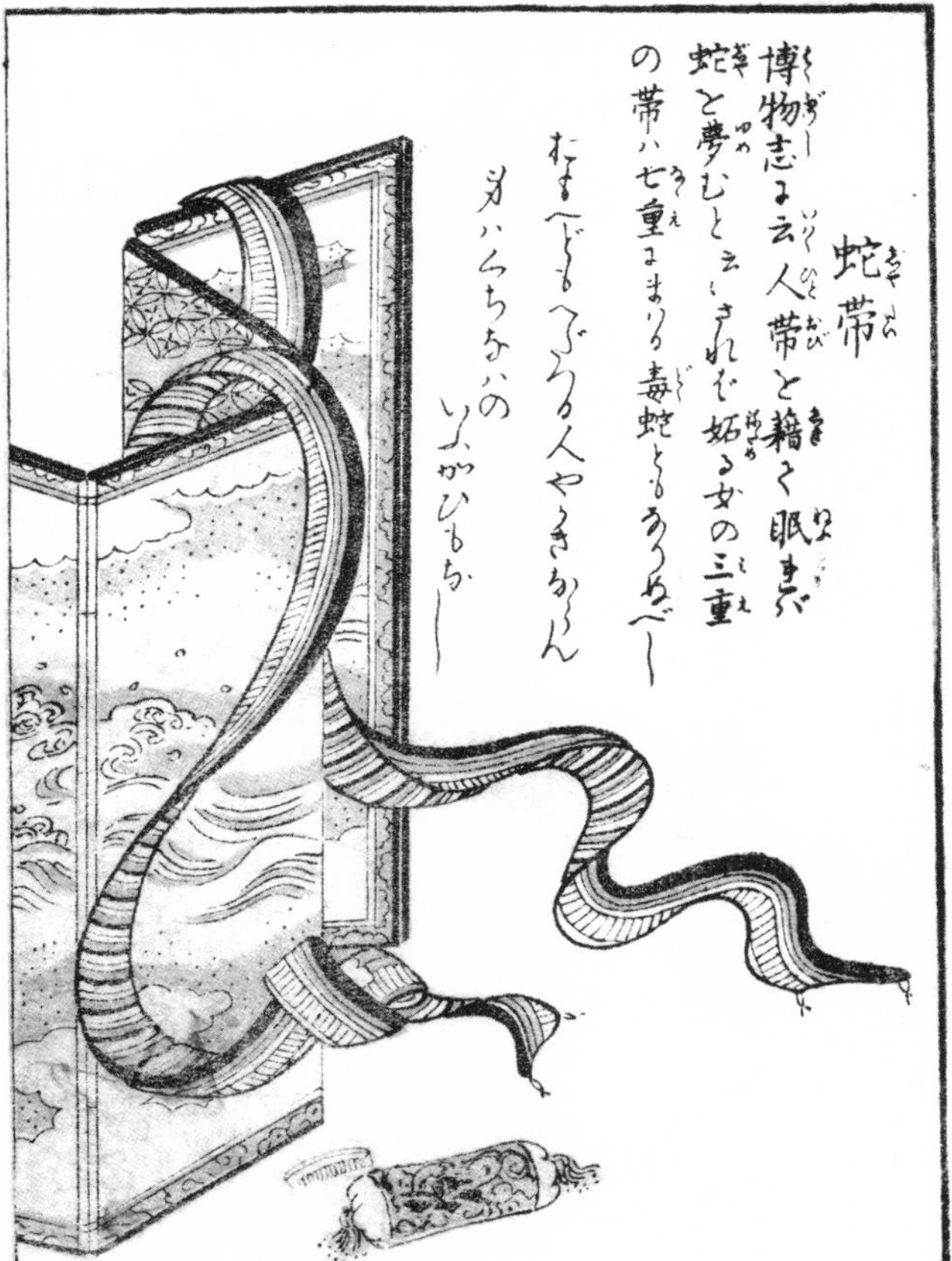
蛇帯
博物志に云人帯を藉て眠れば
蛇を夢むと云々されば妬る女の三重
の帯は七重にまはる毒蛇ともなりぬべし
身はくちなはの いふがひもなし

蛇帯《じゃたい》

大座《おおざ》頭《とう》

火間《ひま》蟲《むし》入道《にゅうどう》

46–57頁『百器徒然袋《ひゃっきつれづれぶくろ》』1784年/版本(抄録)/国立国会図書館

長冠《おさこうぶり》

沓頬
たふ
くつ
つら

沓頬

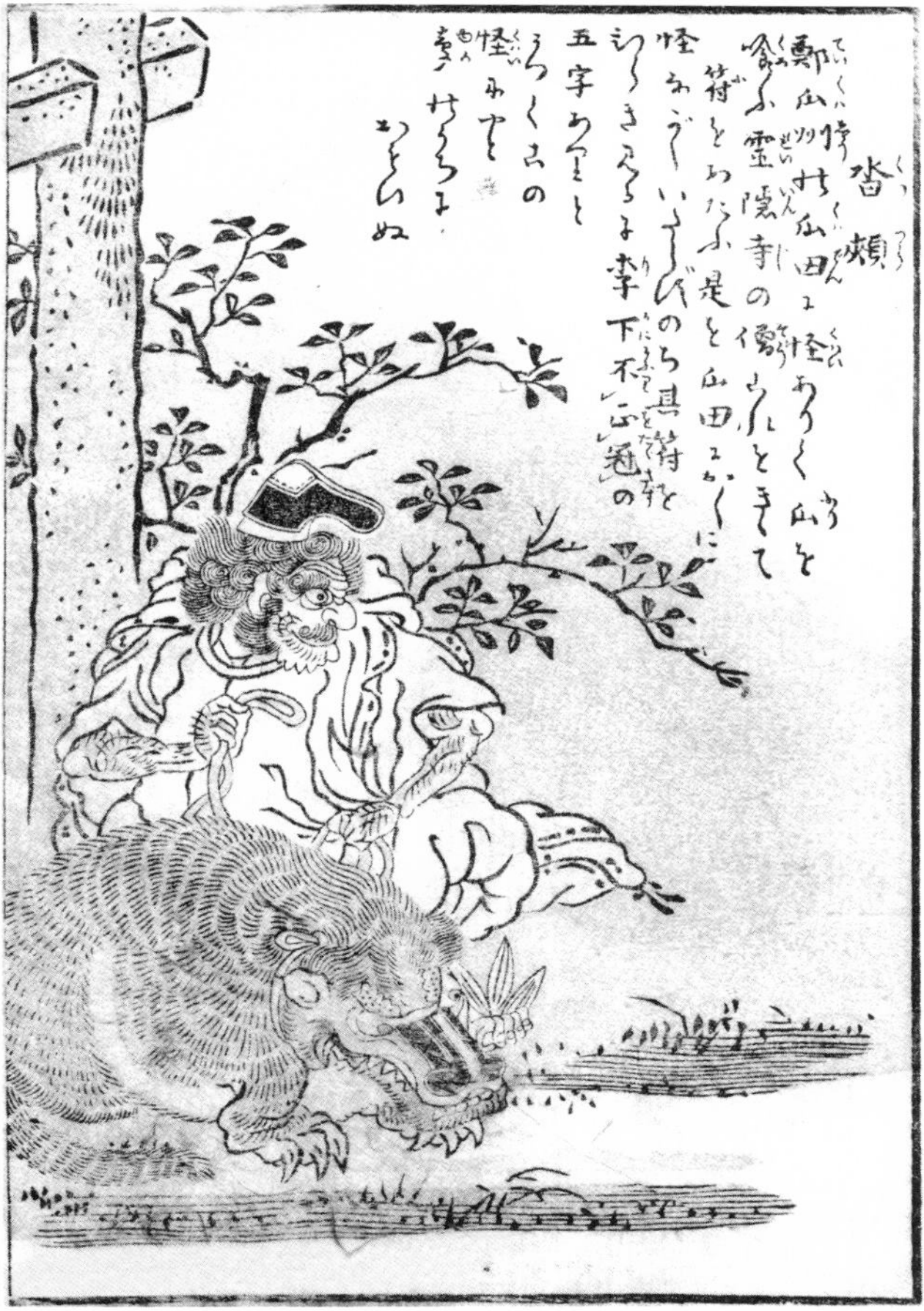

古《こ》籠《ろう》火《か》

天井嘗

天丼の烏ハ螢ろしく冬さむ一と
まへぐらく家され故ふところ
すたくれ壁のちんきふく
ぐ川と喜る一し

天井嘗
てんじょうなめ

やりけちょう
鎗毛長

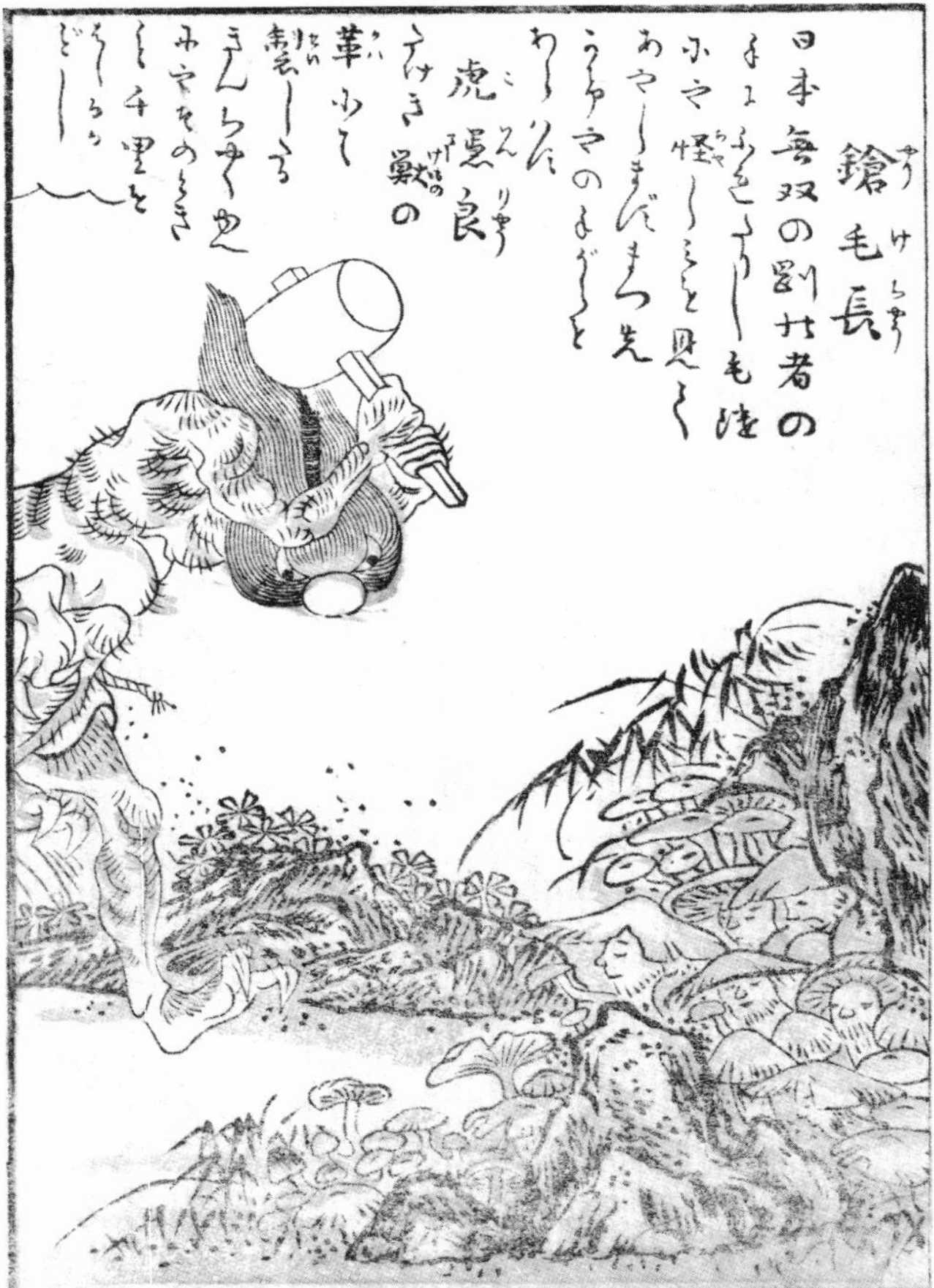

禅
釜
尚

茶八宋寮を
手して
とのゝ陰に
影をうつく
かぢ性黒し
わりかねべ
文福茶釜の
たぐひもや
とこゝろ
見の中も
思ひぬ

虎隠良
こいんりょう

禅釜尚
ぜんふ しょう

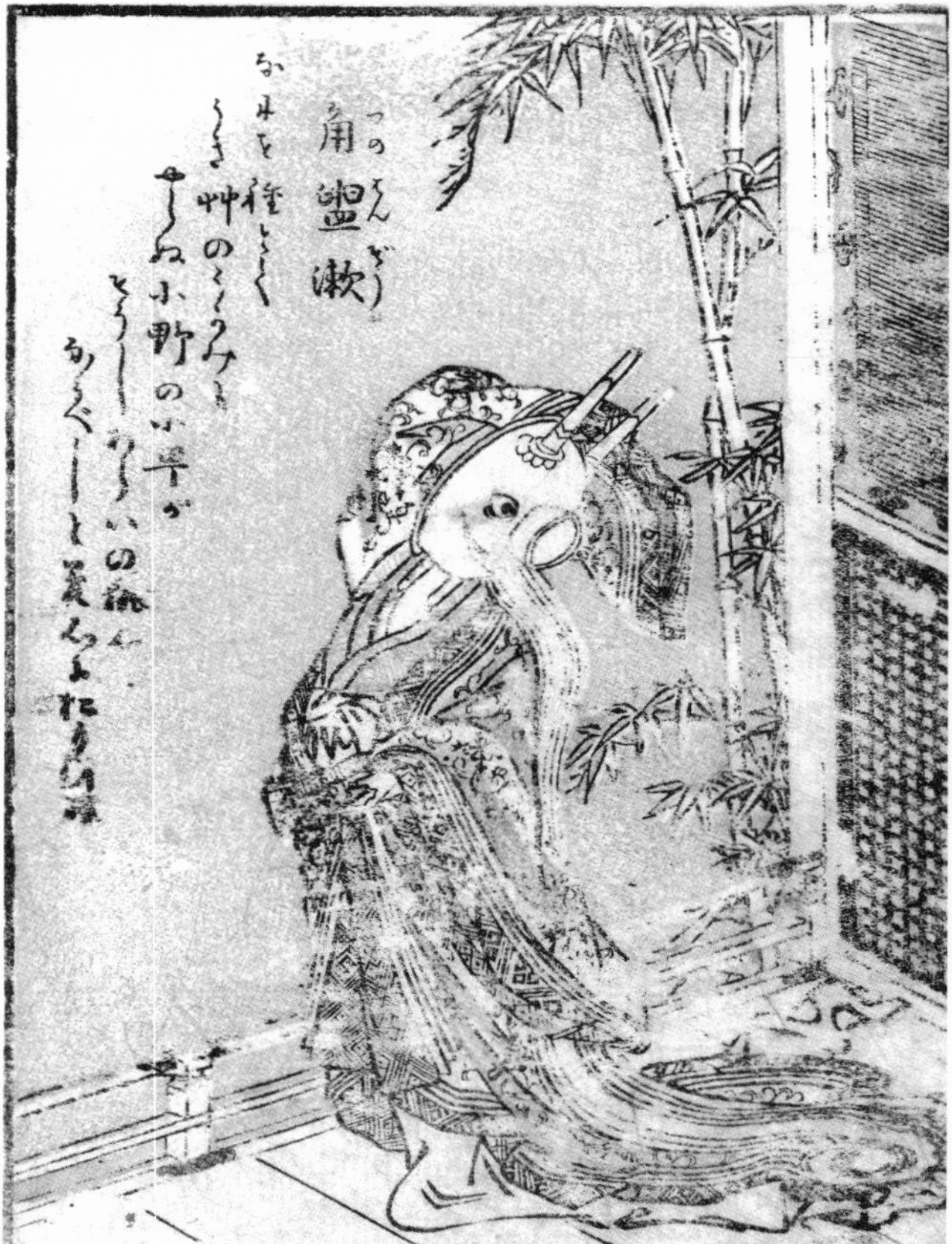

角盥漱《つのはんぞう》

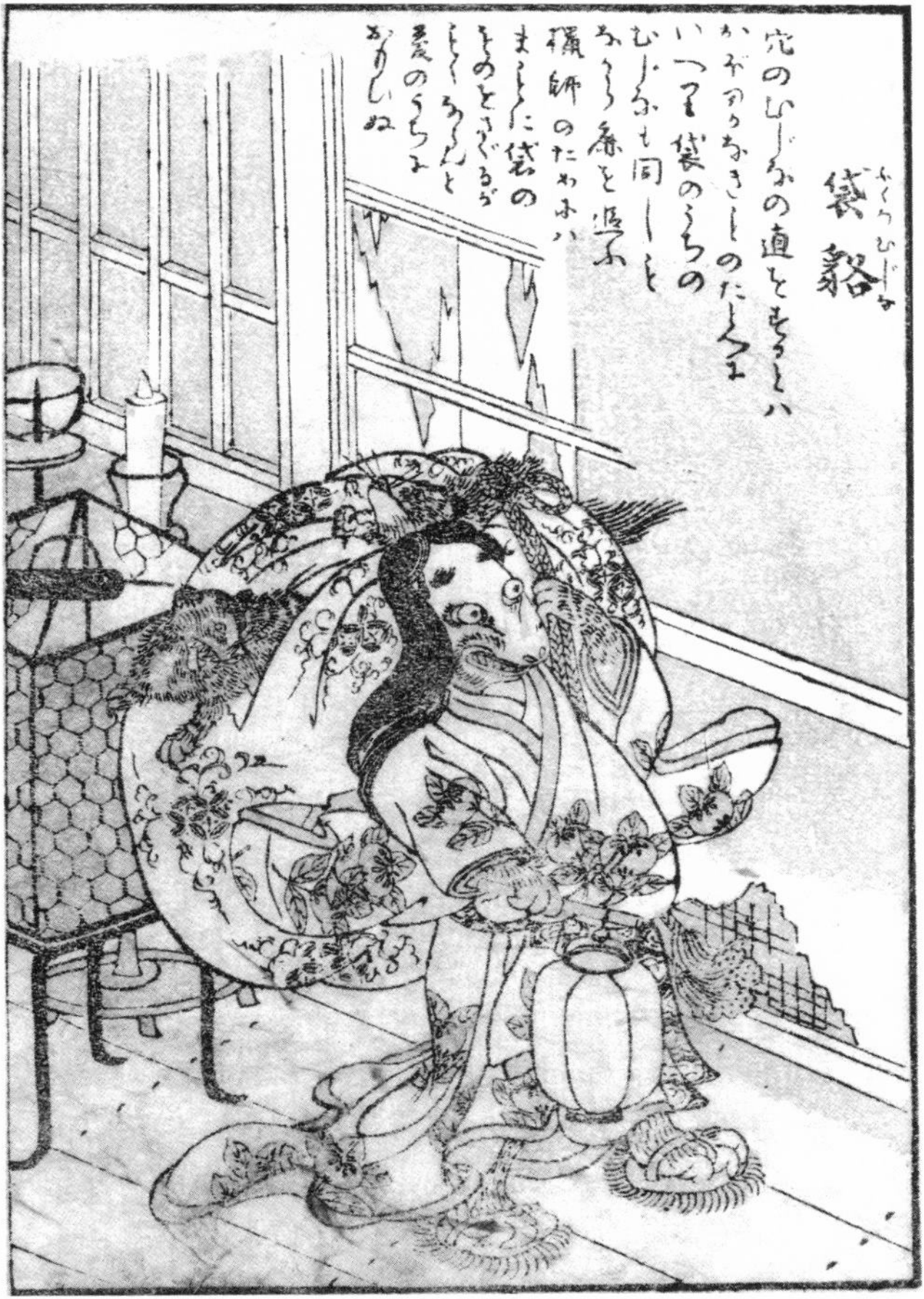
袋貉《ふくろむじな》
穴のむじなの道をもつとハ
いつも袋のうちの
むじなも同じこと
猟師のたはむれハ
まことに袋の
ものをさぐるが
ごとくなるらんと
夢のうちに
おもひぬ

袋《ふくろ》貉《むじな》

琴古主《ことふるぬし》

琵琶牧々《びわぼくぼく》

暮《ぼ》露《ろ》々《ぼ》々《ろ》団《とん》

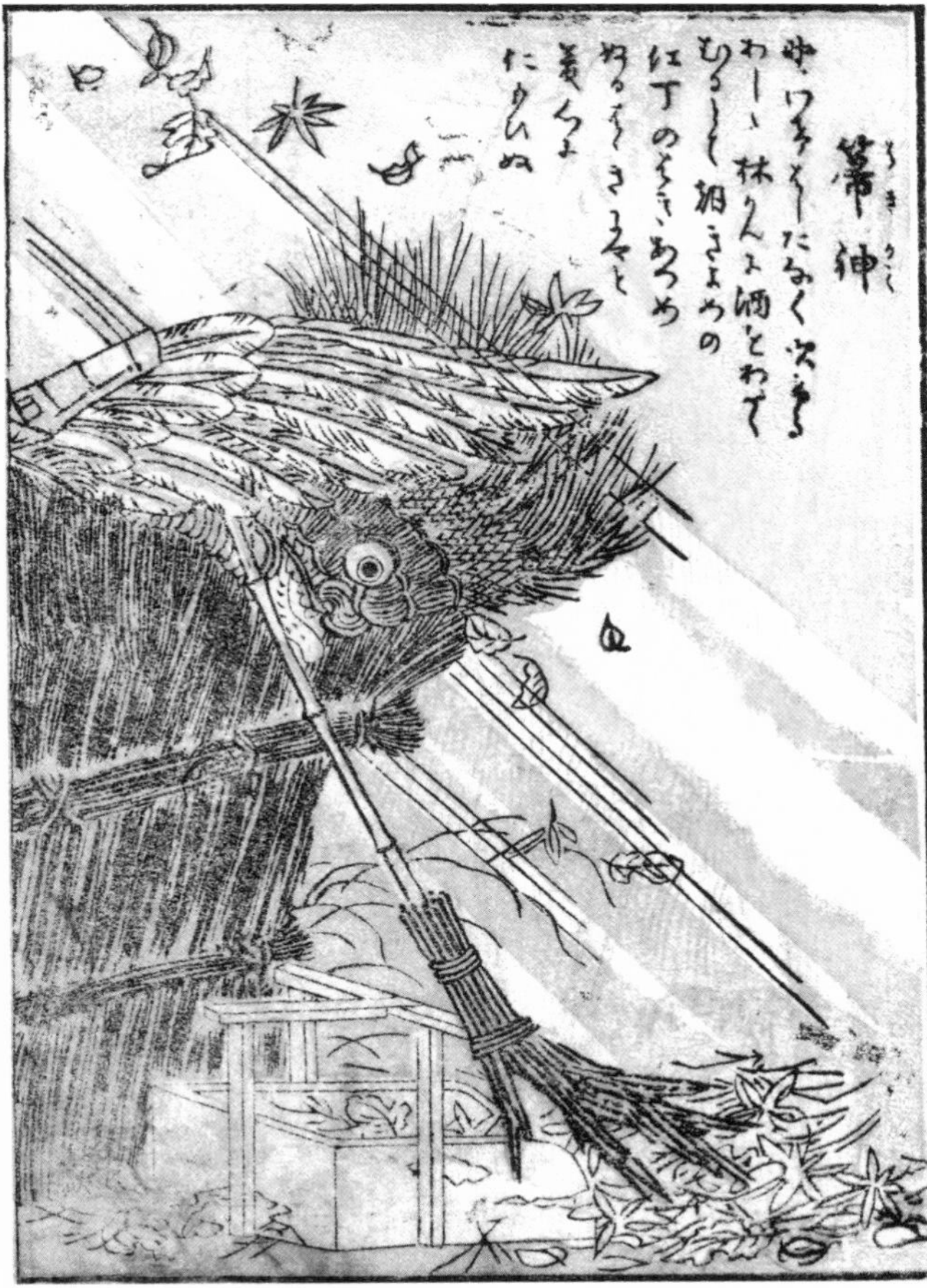

箒神《ははきがみ》

北《き》尾《た》政《お》美《まさよし》

1764-1824
江戸時代
中期〜後期

江戸時代中期、後期には妖怪ブームが巻き起こる。その主な舞台が草双紙《くさぞうし》である。木版技術の発達を背景に、文章と視覚的に効果がある挿絵に重点を置いた草双紙は早くから大衆文学として庶民に親しまれた。初期の草双紙は文章が少なく、文字もほとんどが平仮名だったため、子ども向けの絵本のようなものだったが（正月に刊行された草双紙は、子どもたちの格好のお年玉だった）、江戸後期になると文章の量が増え、滑稽話や世俗をギャグや諷刺を交えてコミカルに描いた、現代のマンガの源流と称される黄表紙《きびょうし》が登場する。浮世絵師・北尾政美も、一六八冊もの黄表紙を手がけた人気作家の一人だった。通常、黄表紙は大人向けの読み物と解されるが、政美の『夭怪着到牒《ばけものちやくとうちょう》』の巻末には、「御子様方御気を丈夫に尿に御出なさるべく候」と記され、子どもたちにも読まれていたことがうかがえる。なお、政美は黄表紙のほか、武者絵や花鳥画などさまざまなジャンルに取り組み、西欧の透視画法や葛飾北斎に影響を与えた略画や俯瞰図を発案した多彩な絵師として知られている。

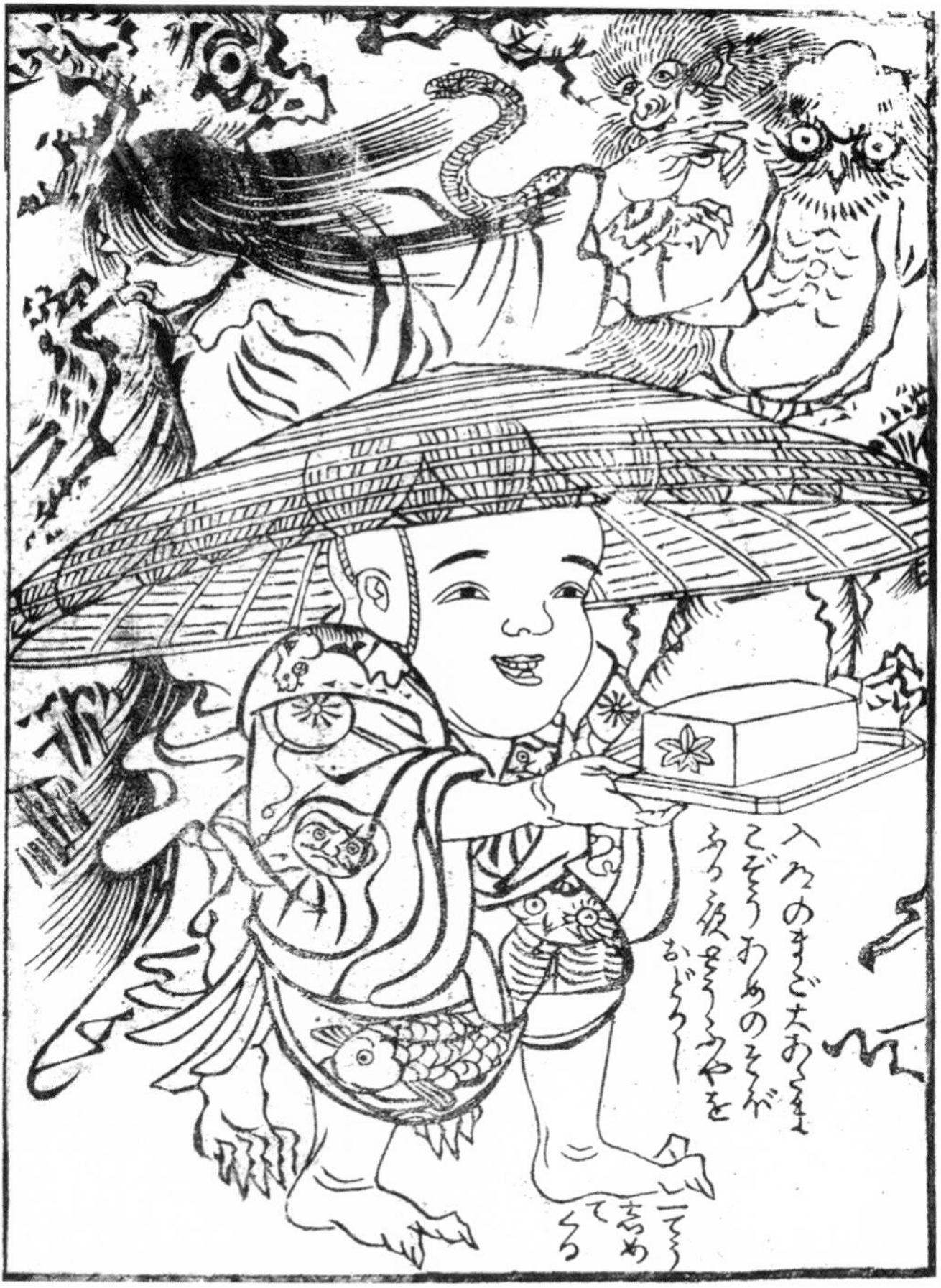

豆腐小僧《とうふこぞう》

59–69頁『天怪着到牒《ようかいちゃくとうちょう》』1788年／黄表紙（抄録）／東京都立中央図書館

かーらわらひ
けうとくくと
あけバケちうナを
さくとあけ
づいにつつぞい
あうさくむう
ふらつとのぞい
でそぐんの
でろぐ～

夜め
うぐ
いりはまい
むらさうふ
わびくなり

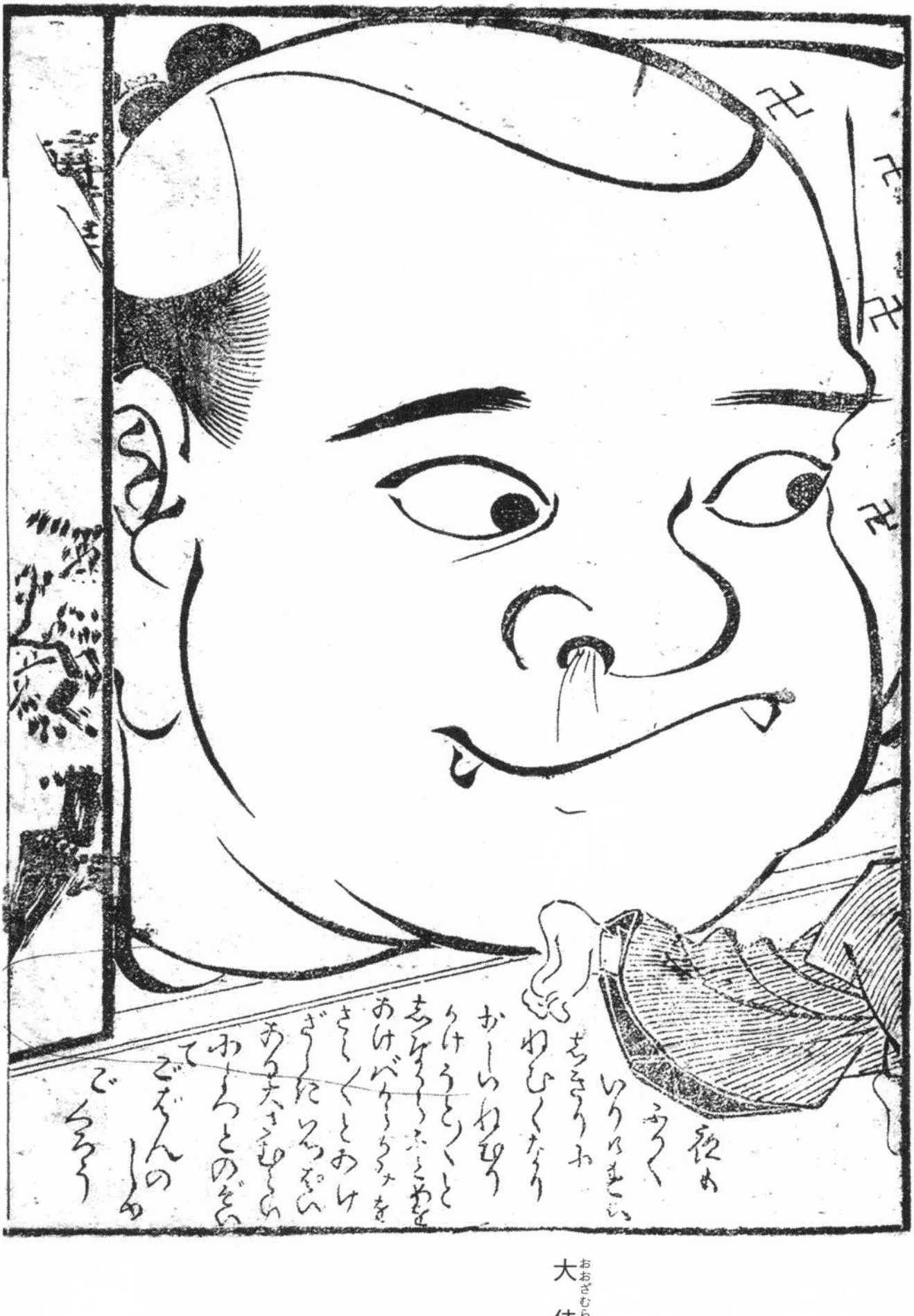

<ruby>大侍<rt>おおざむらい</rt></ruby>

狐
きつね

烏天狗
からすてんぐ

狸
たぬき

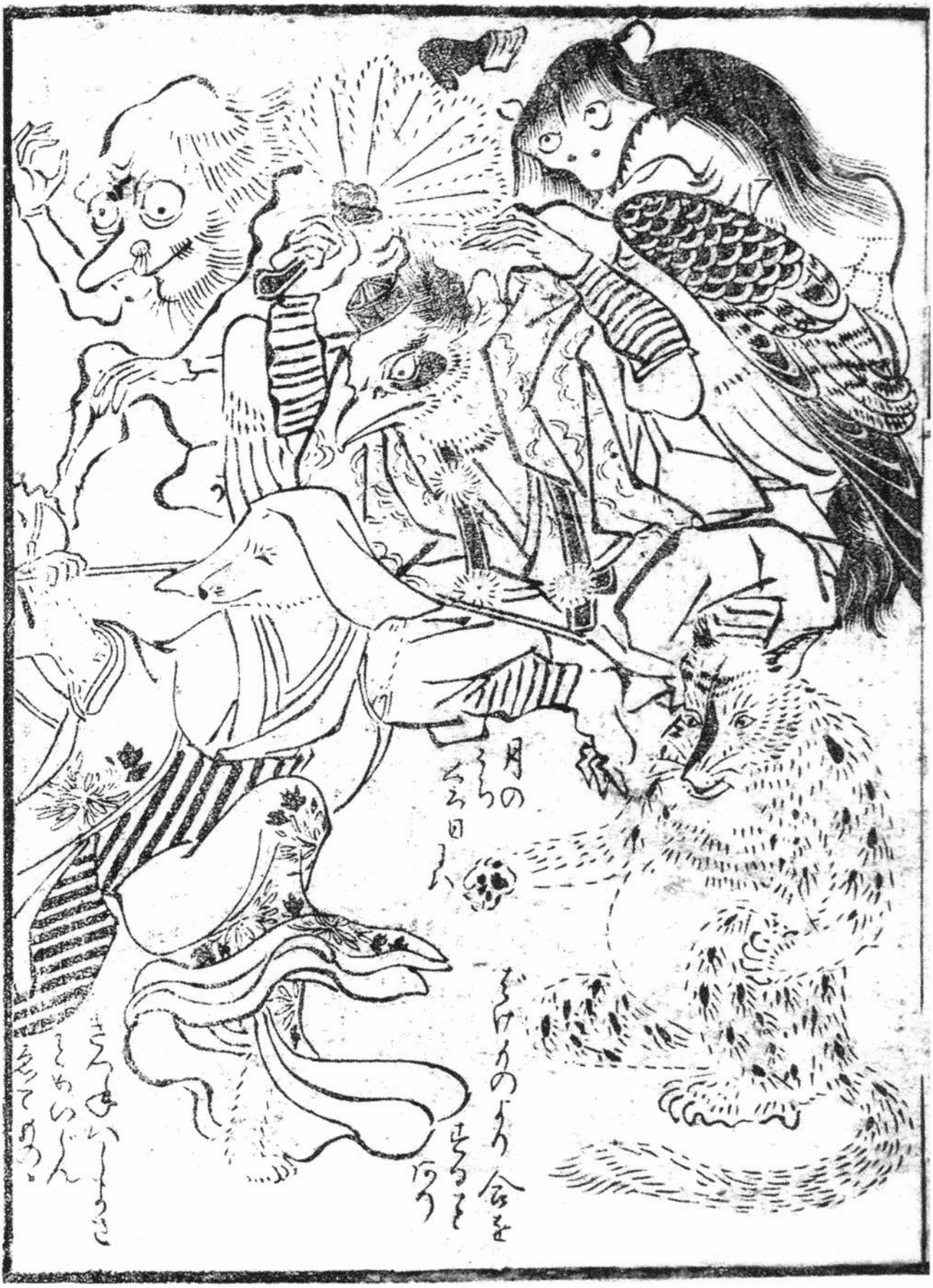

ひまごのたぬきを
うち
いだす

あのこつまを
ちやうる

猫又（ねこまた）

三ツ目入道（みつめにゅうどう）

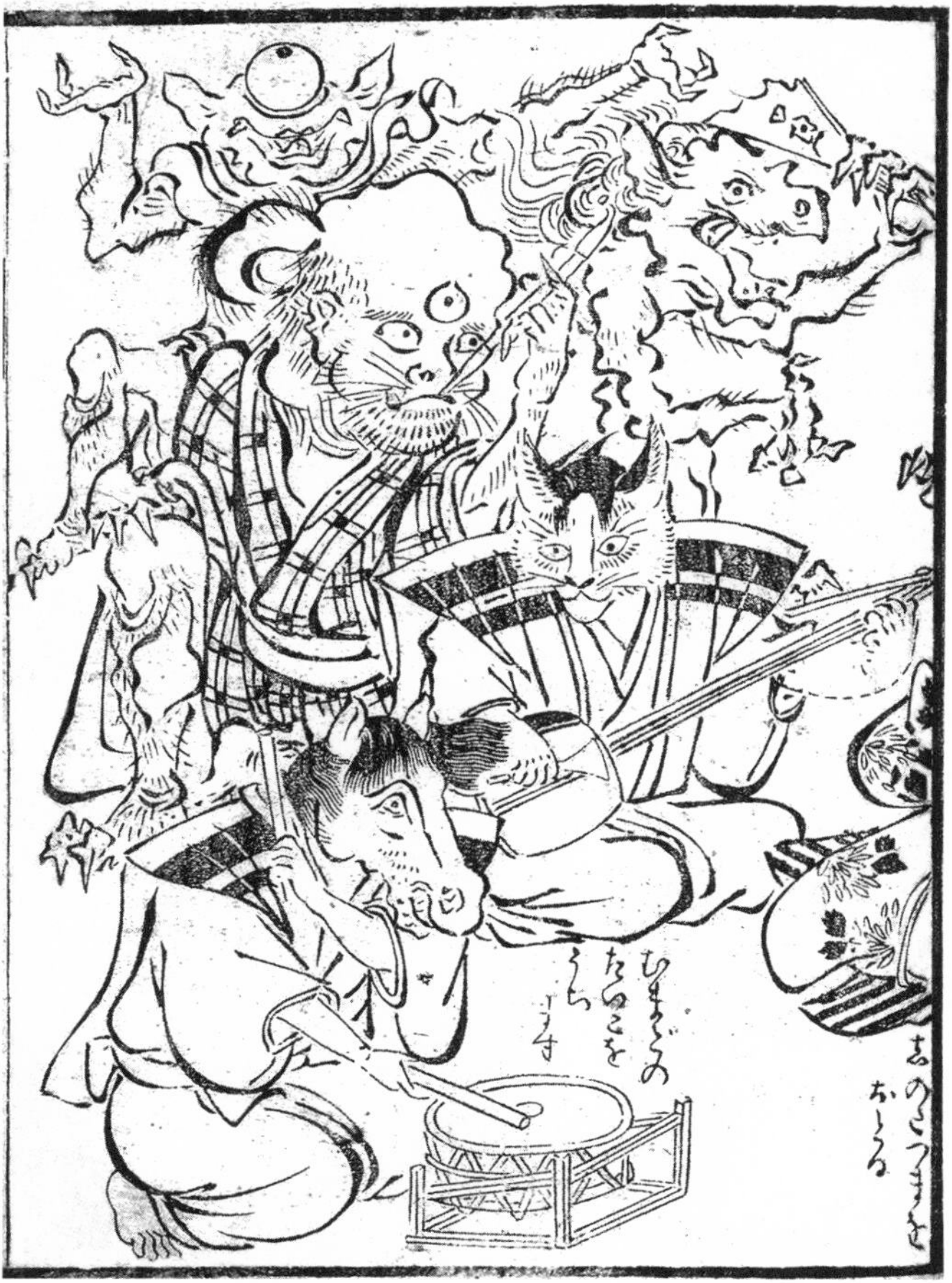

刑部姫《おさかべひめ》

三面《みつめん》乳《う》母《ば》

一ツ《ひとつ》目《め》小《こ》僧《ぞう》

人魂《ひとだま》

悪息《あくいき》

狸《たぬき》

蛸入道《たこにゅうどう》

狒狒《ひひ》

一ツ《ひとつ》目《め》小《こ》僧《ぞう》

うらめしや
なみだ　をのあり

人をとりつく
なみ　なら
ます　の

なほより
どろを食て
うるるちを
うるまちにして
めくらます

くるまめぐり

車
巡<ruby>くるまめぐり</ruby>

なめくじら

風尼《かぜあま》

蝙蝠《こうもり》

赤鬼《あかおに》

骸骨《がいこつ》

勝川春英《かつかわしゅんえい》

1762-1819
江戸時代
中期〜後期

勝川春英は、葛飾北斎や勝川春好《かつかわしゅんこう》など江戸中期から後期にかけて多くの人気絵師を輩出した勝川春章《かつかわしゅんしょう》［1726-93］が率いた勝川派の門人。なかでも春英は早くから才能が認められ、役者絵を得意とした師の春章に倣い、多くの役者絵を残し、特に役者の一瞬の表情や個性を巧みに描いた大首絵は、歌川豊國《うたがわとよくに》［1769-1825］や東洲《とうしゅう》齋寫楽《さいしゃらく》［生没年不詳］に大きな影響を与えた。春英のこうした画力は妖怪画にもいかんなく発揮され、確かな描線と滑稽味に加えて一種独特な姿の妖怪たちは、ほかの草双紙に描かれてきたそれとは一線を画すキャラクター的魅力があった。師匠の春章との共作『異魔話武可誌《いまわむかし》』はストーリー性がなく、鳥山石燕の『画図百鬼夜行』［30頁］と同様、多種多様な妖怪の図解の形式をとっているが、そこで描かれた妖怪たちは、どれも独創的だ。ほか、当時のベストセラー作家・十返舎一九［1765-1831］と組んだ、『列国怪談聞書帖《れっこくかいだんききがきぞうし》』（一八〇二年）や『妖怪一年草《ばけものひとせぐさ》』（一八〇八年）といった化物草双紙も知られている。

71-81頁『異魔話武可誌《いまわむかし》』1790年／黄表紙（抄録）／ボストン美術館

深川の
あや
とち
ぢぶつ

あやをちばばあ

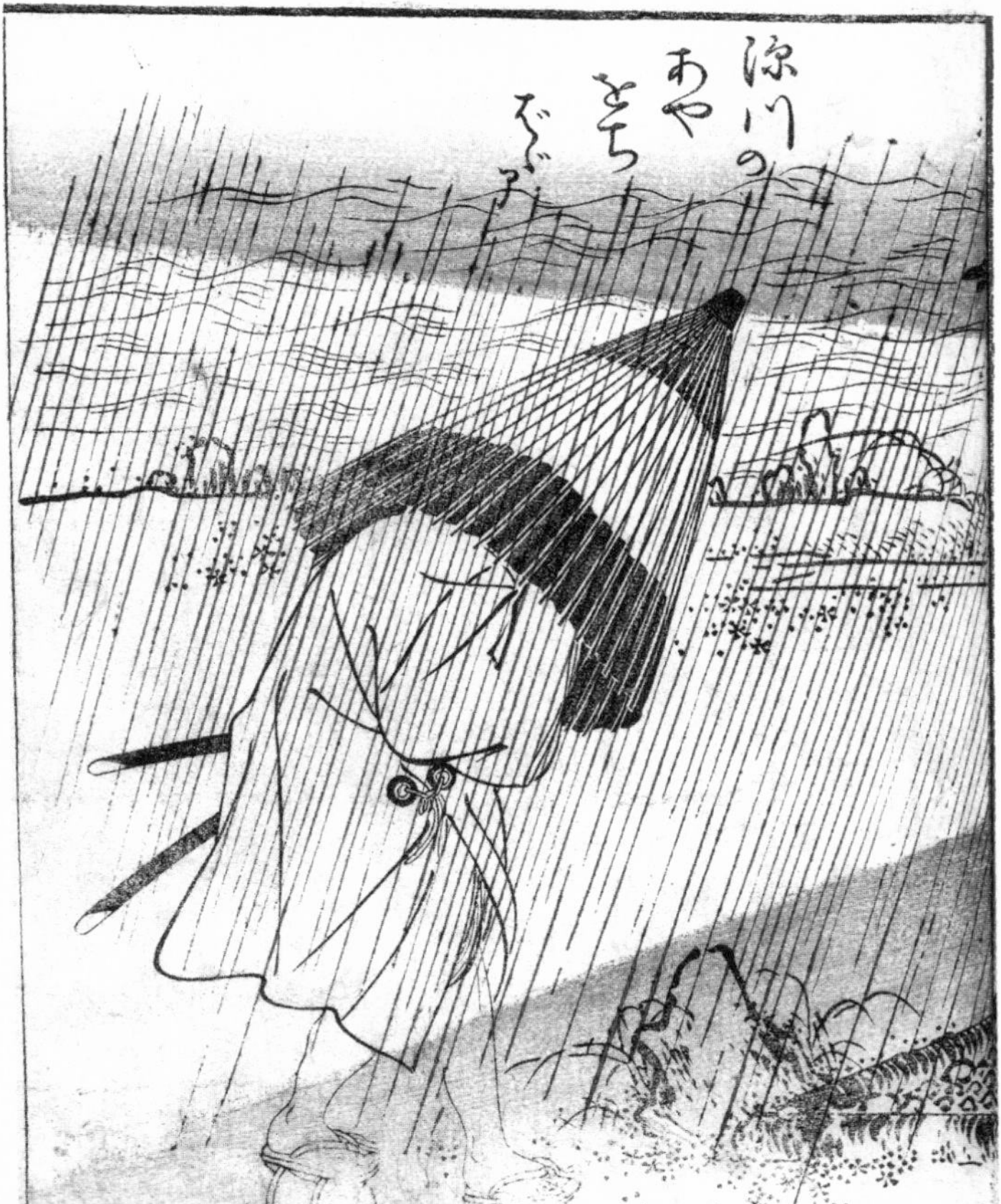

がんばり入道《にゅうどう》

本所《ほんじょ》の小《こ》頭《あたま》

肥前《ひぜん》の国《くに》 市坊主《いちぼうず》
(大入道《おおにゅうどう》)

けち女房《にょうぼう》

すじかぶろ

ひょろぼん

葛飾北斎《かつしかほくさい》

1760-1849
江戸時代
中期〜後期

代表作《冨嶽三十六景》で、その名を世界中に轟かせた葛飾北斎は、およそ七〇年にもわたる長い画業のちょうど折り返し地点の五〇代半ばから全十五編にわたる『北斎漫画』を刊行する（十五編は一八七八年刊行）。本書はもともと弟子に絵の手ほどきをする教科書として編まれていたが、一般庶民にも広く親しまれ、江戸時代のベストセラーとなった。総ページ数九七〇、描かれた図版は四〇〇〇を下らない本シリーズは、人物あり、風俗あり、風景、気候、動植物といった、描けぬものは何もないと言わんばかりに、ありとあらゆる対象を描ききった、いわば百科事典の体を成した画譜である。さらに北斎のたくましい想像力は、目には見えない事物や事象にまで及び、中国や日本の故事古典や伝説、霊獣から妖怪、神々といった主題も多く描き出した。北斎が描くところの妖怪は、伝奇小説である読本《よみほん》の挿絵を多く手がけていた経験が存分に活かされ、ドラマチックな絵画表現と結びつき、見る者の目にあっと驚かせる視覚効果を生みだしている。

83–91頁『北斎漫画《ほくさいまんが》』1814–78年/版本(抄録)/浦上満コレクション

河童《かっぱ》

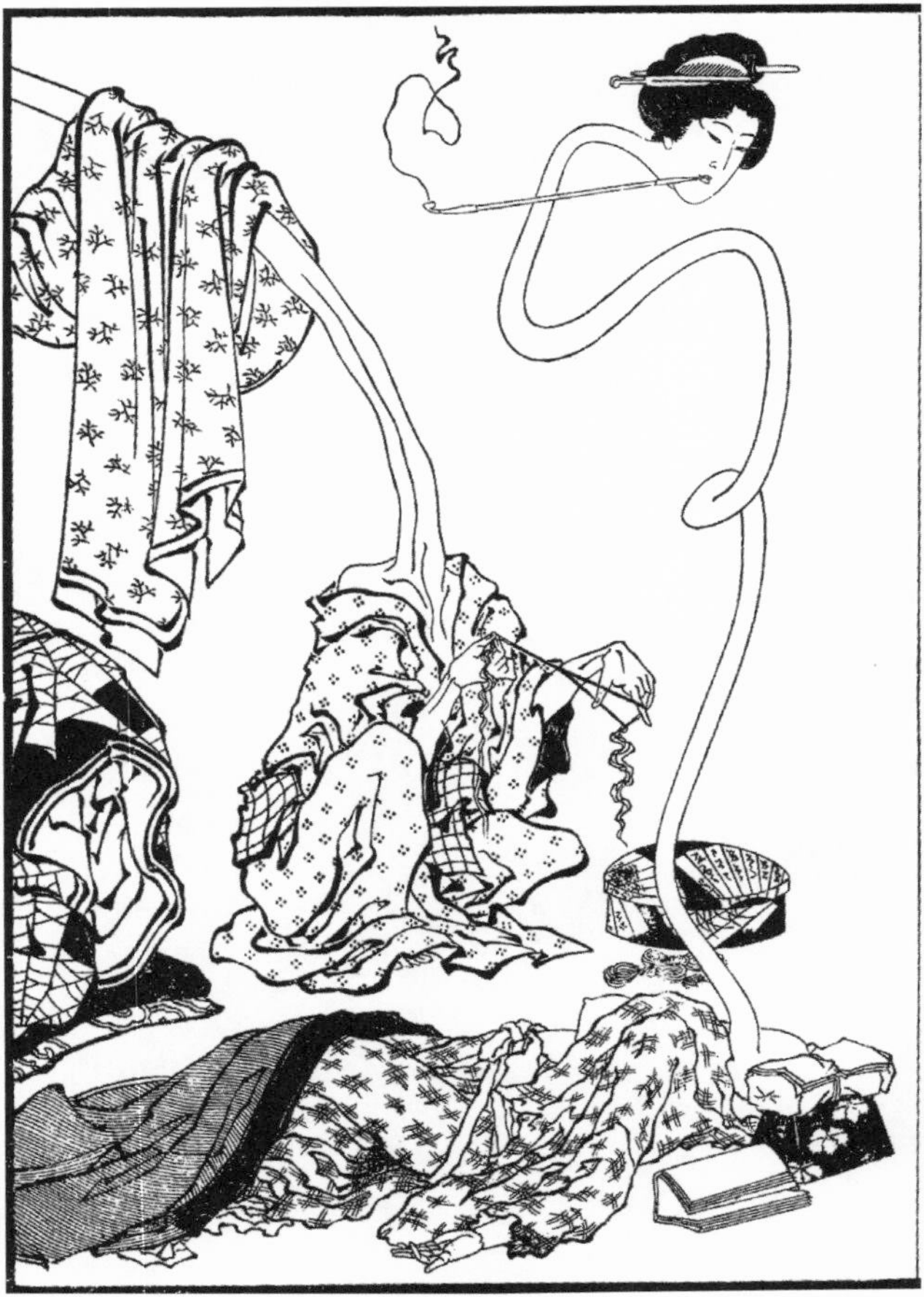

飛頭蛮
<ruby>ろ<rt></rt></ruby><ruby>く<rt></rt></ruby><ruby>ろ<rt></rt></ruby><ruby>く<rt></rt></ruby><ruby>び<rt></rt></ruby>

三《み》ツ《つ》目《め》入道《にゅうどう》

鼻高天狗《はなたかてんぐ》

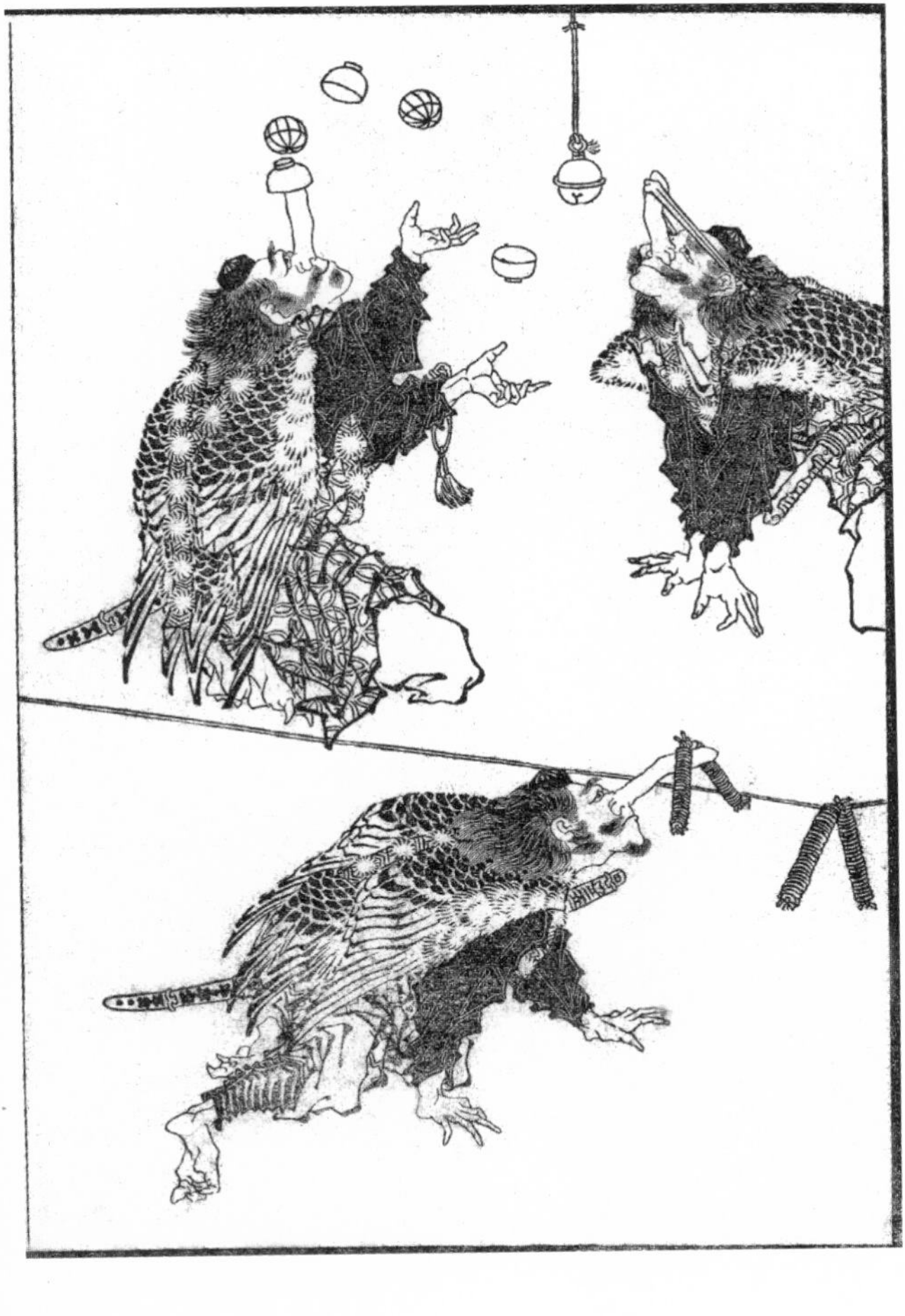

鬼《おに》

酒呑童子《しゅてんどうじ》

鬼《おに》

鐘馗
しょうき
鍾馗

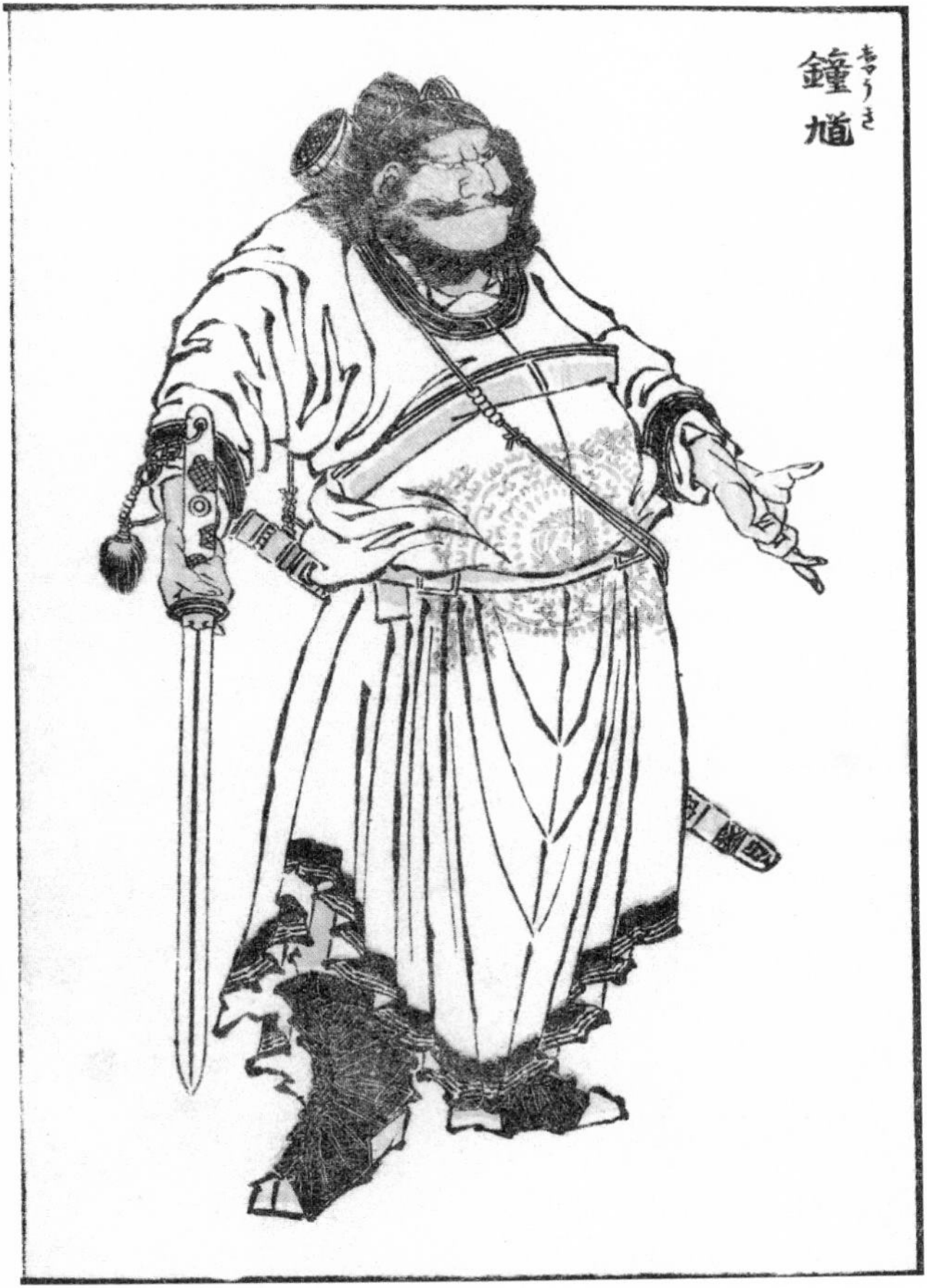

第2章 絵師たちの百鬼繚乱

喜多川歌麿《きたがわうたまろ》

1753-1806
江戸時代中期

江戸時代を代表する浮世絵師・喜多川歌麿。カリスマ版元の蔦屋《つたや》重三郎《じゅうざぶろう》に見いだされて発表した美人画は、またたくまに江戸の評判を呼び、歌麿が描いた花魁や茶屋の娘の名が世間に広まるなど、一種の社会現象まで引き起こすほど影響力があった。美人画で名を馳せた歌麿だが、師匠は妖怪画を多く描いたことで知られる鳥山石燕［30頁］である。しかし、歌麿は師とは異なり、それほど多くの妖怪画を残してはいない。ここで紹介する《化物《ばけもの》の夢《ゆめ》》［95頁］にしても、母親が怖い化物の夢を見た子どもをあやし、寝かしつけているのだろうか。吹き出しの中に描かれた妖怪よりも、美しく慈悲深い母親の姿に目が止まる。また、あまり例がないものの、《山姥《やまうば》と金太郎《きんたろう》盃《さかずき》》といったような、妖怪そのものを描いた画も残す。しかし、通常、山姥は山に棲む老女の妖怪として描かれるにもかかわらず、歌麿のそれは、幼い金太郎をやさしく包み込むような母性溢れる表情の、まさに歌麿の画風が際立つ美人画となっている。

《化物《ばけもの》の夢《ゆめ》》江戸時代中期／大判錦絵／国立歴史民俗博物館

見越入道《みこしにゅうどう》
一ツ目小僧《ひとつめこぞう》

葛《か》飾《つしか》北《ほく》斎《さい》

1760-1849
江戸時代
中期〜後期

一世を風靡した読本《よみほん》挿絵や『北斎漫画』[83頁]など、多くの怪異表現、幻想表現を試みた葛飾北斎は、錦絵でも秀逸な妖怪画を残している。その代表格が《百物《ひゃくもの》語《がたり》》のシリーズだ。タイトルの「百物語」とは、ひとびとが夜に集まり怪談一〇〇話を話し終えると、本物の怪異が現れるとする江戸時代に流行った怪談会に由来する。本シリーズで描かれているお岩さんや皿屋敷のお菊といった、妖怪というよりは、むしろ幽霊や亡霊だが、提灯や皿などの器物を用いた化物として描いていることもあり、ここで紹介する。これらの演出は北斎オリジナルではなく、当時、話題を集めていた怪談ものを得意とした四代目鶴屋《つるや》南北《なんぼく》[1755-1829]の歌舞伎舞台に着想を得たと考えられる(『東海道四谷怪談』の演出にはお岩の怨霊が提灯に乗り移った場面がある)。北斎の怪異表現は、まだ勝川派の門人で「春朗《しゅんろう》」を名乗っていた頃に描いた《新板浮絵《しんぱんうきえ》化物《ばけもの》屋舗《やしき》百物語《ひゃくものがたり》之圖《の ず》》[102頁]があり、西欧の透視画法を用いた「浮絵《うきえ》」の技法を駆使し、妖怪たちが飛び出してくるような効果を生み出している。

お岩《いわ》さん

《百物語《ひゃくものがたり》 お岩《いわ》さん》1831-32年／中判錦絵／中右コレクション

《百物語 笑《わら》ひはんにや》1831-32年/中判錦絵/山口県立萩美術館・浦上記念館

般若《はんにゃ》

《百物語　さらやしき》1831-32年／中判錦絵／山口県立萩美術館・浦上記念館

お菊《きく》

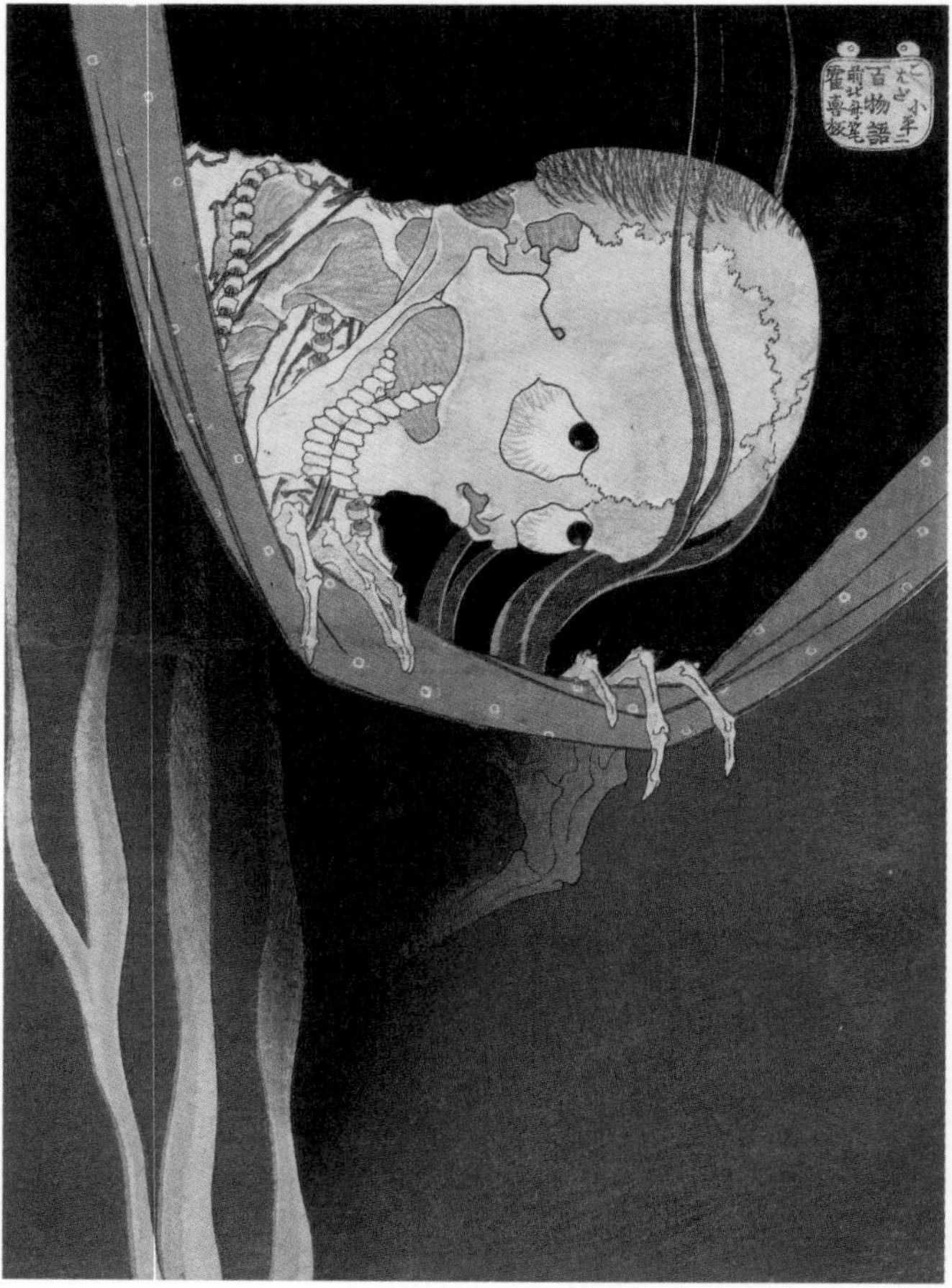

《百物語　こはだ小平二《こへいじ》》１８３１-３２年／中判錦絵／山口県立萩美術館・浦上記念館

小平次《こへいじ》

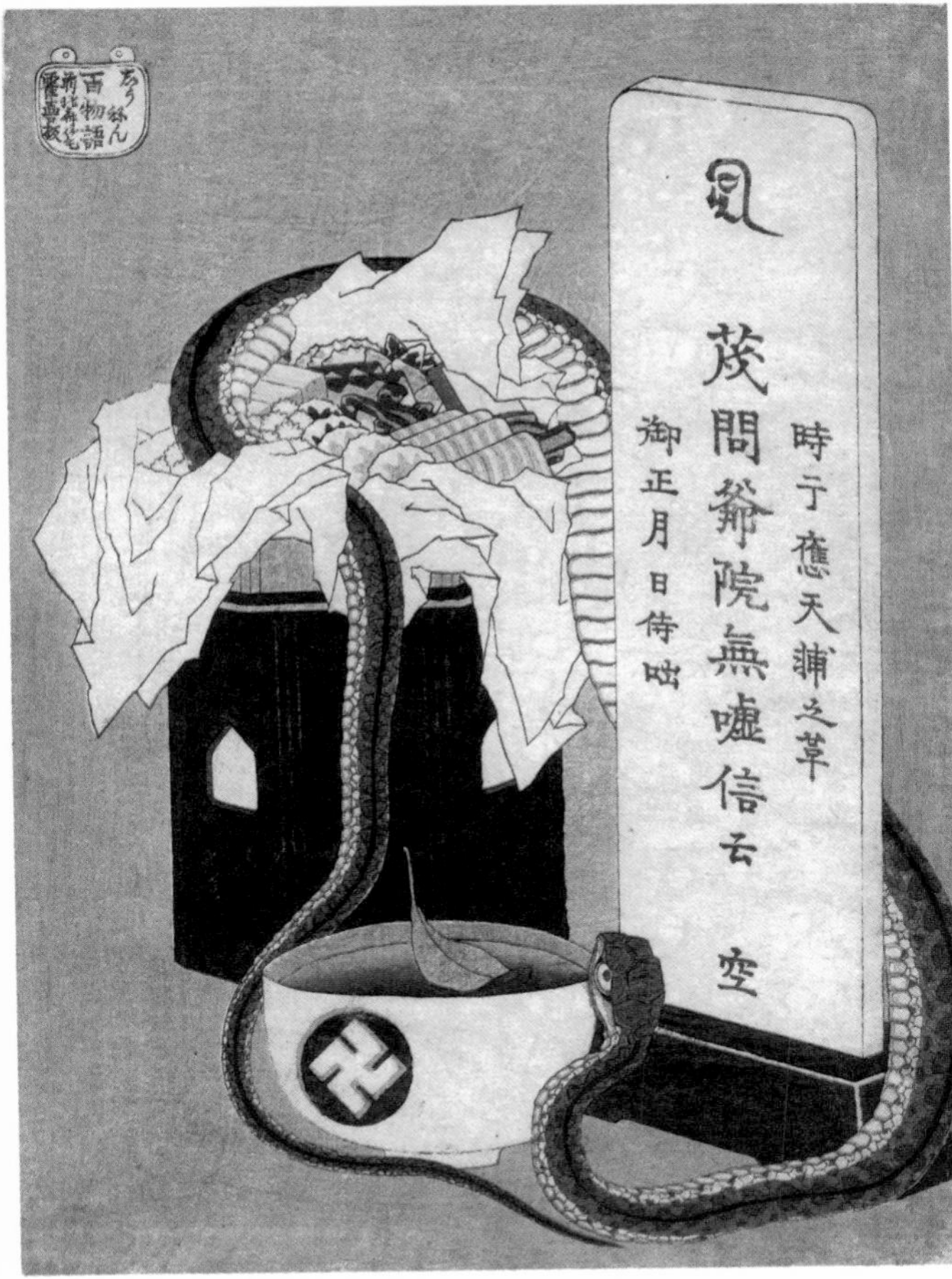

《百物語　しうねん》1831-32年／中判錦絵／山口県立萩美術館・浦上記念館

蛇《へび》

《新板《しんぱん》浮《うき》絵《え》化物《ばけもの》屋《や》舗《しき》百物語《ひゃくものがたり》之《の》図《ず》》1788-92年頃／大判錦絵／奈良県立美術館

歌川広重《うたがわひろしげ》

1797-1858
江戸時代後期

《東海道五拾三次》や《名所江戸百景》など、風景画を得意とした歌川広重は、同時代の浮世絵師や同門の歌川派の絵師たちが妖怪画を多く手がけていたにもかかわらず、その数は極めて少ない。ここで紹介する《名所江戸《めいしょえど》百景《ひゃっけい》 王子《おうじ》装束《しょうぞく》ゑの木《き》大《おお》晦日《みそか》の狐火《きつねび》》［105頁］も、名所絵シリーズの一枚であり、怖さや不気味さが際立つ妖怪画というよりも、冴え冴えと星が瞬く里山の情緒ある冬の風景画としての風情が勝る。また、《平清盛怪異《たいらのきよもりかいい》を見る》にしても、化物たちは庭園の美しい雪景色をまとって現れている。平治の乱（一一六〇年）で勝利をおさめた平清盛は、強引に京都から離れ、福原（現在の兵庫県）へ遷都する。ある晩、福原の館の庭に積もった雪を眺めていると、その雪に乗り移った戦で殺された武士たちの怨霊がつぎつぎと髑髏《どくろ》となって清盛を襲いかかる。こんもりと庭石に積もった雪から樹々の枝、松の葉に積もった雪が、無数の髑髏として描かれたさまは圧巻である［106頁］。ほか、広重が描いた戯画で《童戯武者尽》シリーズにも、河童や器物の妖怪が登場している。

《名所《めいしょ》江《え》戸《ど》百景《ひやつけい》　王子《おうじ》装束《しょうぞく》ゑの木《き》大晦日《おおみそか》の狐火《きつねび》》
1856-58年／大判錦絵／山口県立萩美術館・浦上記念館

狐火《きつねび》

平相國清盛入道

《平清盛《たいらのきよもり》怪異《かいい》を見《み》る図《ず》》1843-47年／大判錦絵三枚続／福岡市博物館

髑髏《どくろ》

伊《い》藤《とう》若《じゃく》冲《ちゅう》

1716-1800
江戸時代中期

伊藤若冲が描く動植画は、いわゆる従来の「花鳥画」の枠には決して収まることはない。若冲が最初は狩野派に学ぶものの、先達が描いた絵を模写するだけでは主題とは乖離した画しか描けないと、私邸の庭に鶏をたくさん飼っては放ち、これを日々眺め、絵筆をとる。しかし、若冲が描いた鶏たちは、目の前の対象を忠実な再現というよりも、むしろ若冲自身の心象に映るイリュージョンとしか言いようのない奇異なイメージが浮かび上がる。畢生の大作《動植綵絵《どうしょくさいえ》「群鶏図《ぐんけいず》」》では、複数の鶏が折り重なるように画面を埋め尽くし、生き生きとした鶏の実写というよりは、幻想的だ。ほか、細密に描かれた花びらの一枚一枚が画面から飛び出し無限に増殖を繰り返しこちら側に迫り来る花々や、木魂《こだま》のように妖気を放つ樹木、同シリーズ「貝甲図《かいこうず》」に描かれた貝はまさに妖怪のよう。《付喪神図《つくもがみず》》［109頁］のように実際に妖怪像を描いた例は少ないものの、若冲が描いた作品群には森羅万象すべてのものに魂が宿るかの怪しい生気がすみずみまで横溢している。

次頁《付喪神図《つくもがみず》》江戸時代中期／紙本墨画／福岡市博物館

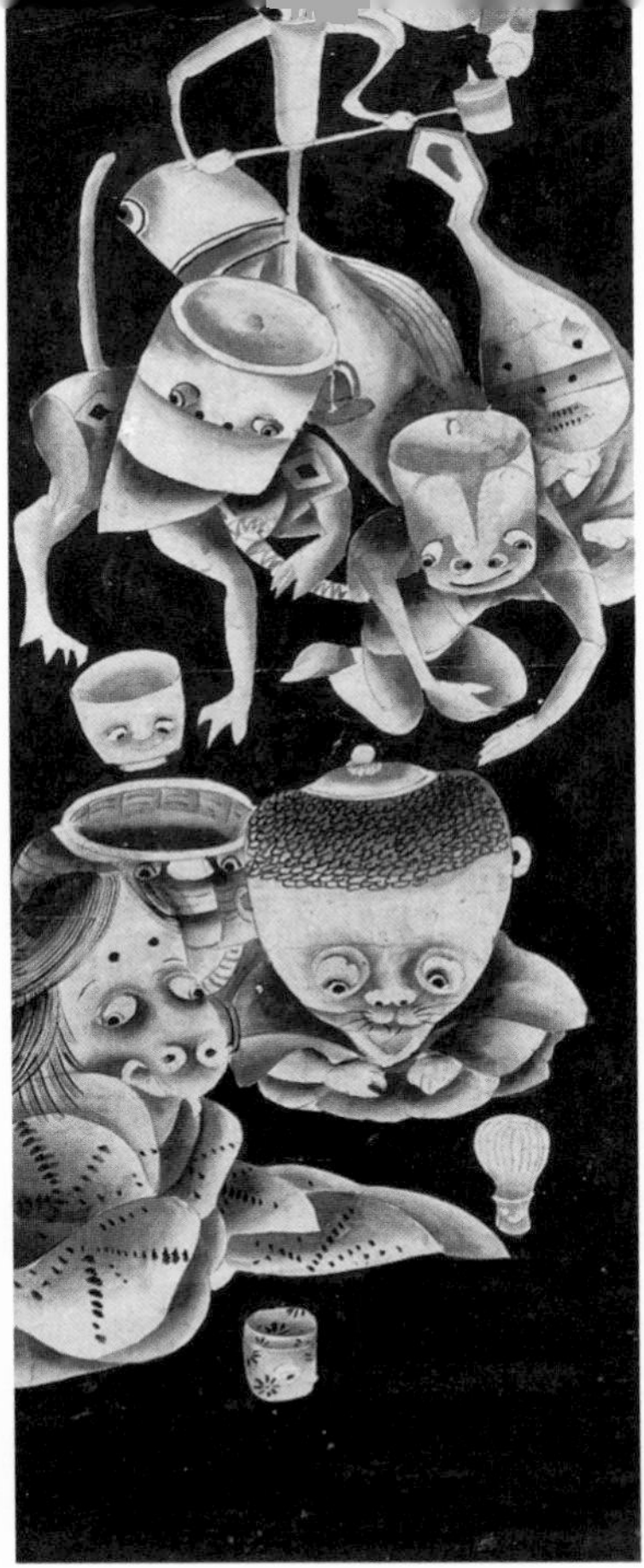

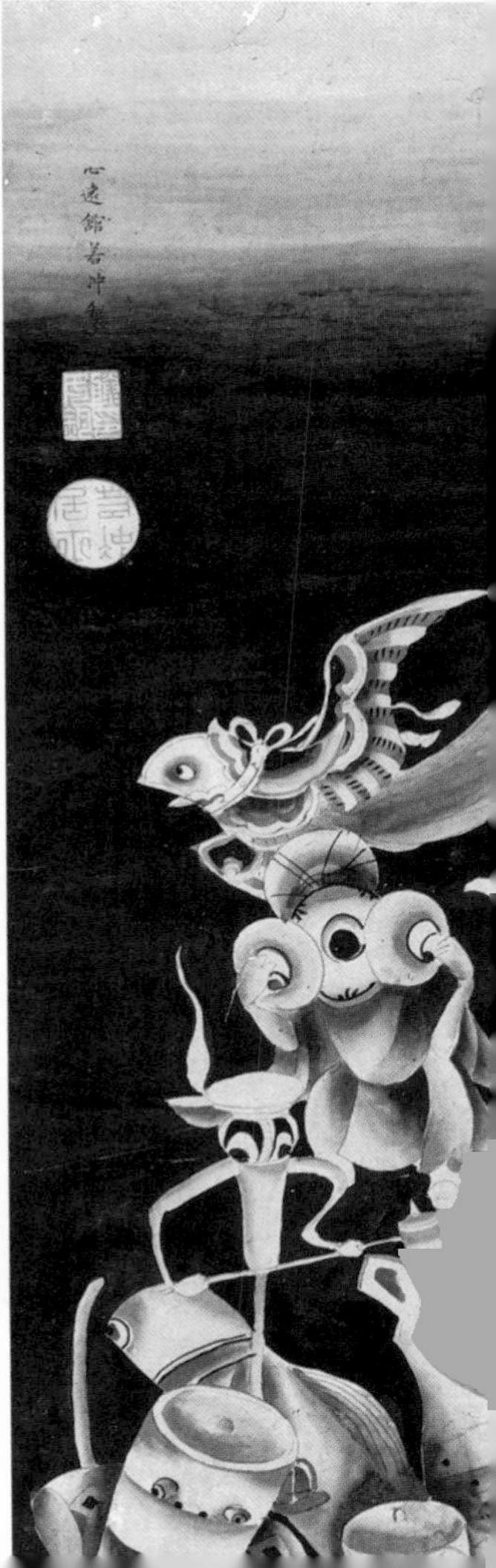

付喪神
（つくもがみ）

高《たか》井《い》鴻《こう》山《ざん》

1806-1883
江戸時代後期〜
明治時代初期

高井鴻山は、信濃国《しなののくに》小布施《おぶせ》村《むら》の酒造業で富を築いた豪農商の生まれで、豊かな家系を背景に、十五歳で京都に遊学し、国学、儒学はもとより、書も嗜み、絵画は岸《がん》駒《く》と岸岱《がんたい》、そして横山上龍《よこやまじょうりょう》に学んだ文人として知られていた。また三〇代の頃、葛飾北斎との交友がはじまり、一八四四年秋には八十五歳の北斎を実家の小布施に招き入れる。鴻山は北斎の画才に惚れ込み、碧漪軒《へきいけん》と呼ばれるアトリエを北斎に提供するなど、師として手厚くもてなし、北斎も一年半にわたって小布施に逗留する。

この地で北斎の晩年の傑作や鴻山と共作した肉筆画が多数描かれることになる。なかでも、北斎がこの地に残した最晩年の代表作、東町祭《ひがしまちまつり》 屋《や》台天井《たいてんじょう》 図《ず》絵《え》の《龍図《りゅうず》》と《鳳凰図《ほうおうず》》（一八四四年／北斎館所蔵）、翌年には上町祭《かみまちまつり》 屋《や》台天井《たいてんじょう》 図《ず》絵《え》の《濤図《なみず》》がある。鴻山は、花鳥画や人物画、山水画も手がけていたが、晩年は妖怪画へと傾倒していく。とくに肉筆画で細密に描かれた妖怪は、北斎の影響が見てとれる。

次頁《雨《う》中《ちゅう》妖怪《ようかい》図《ず》》江戸時代後期以降／紙本軸装／高井鴻山記念館

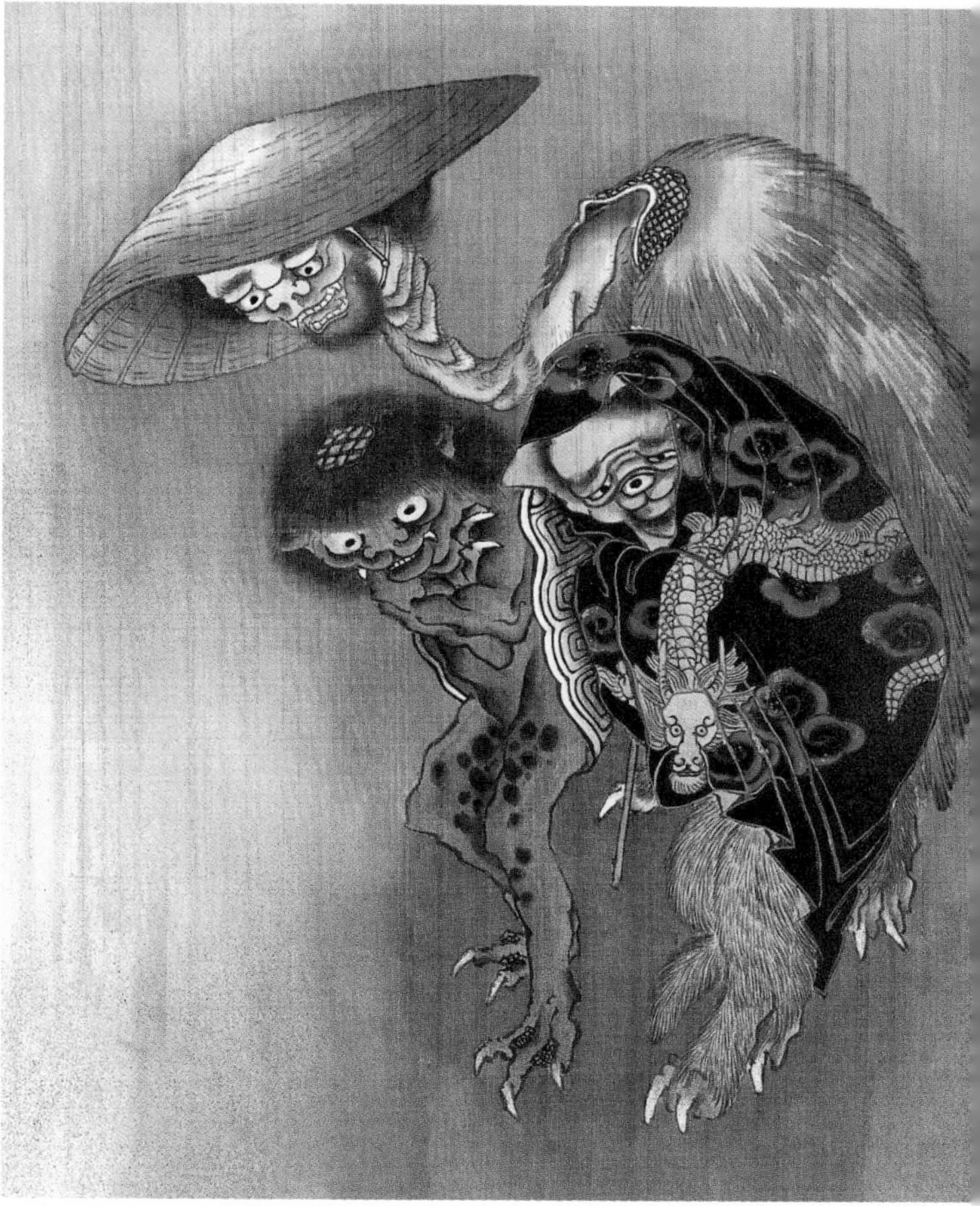

河童《かっぱ》
見越入道《みこしにゅうどう》

《酒《しゅ》宴《えん》妖《よう》怪《かい》図《ず》》江戸時代後期以降／紙本軸装／高井鴻山記念館

《妖怪図《ようかいず》》江戸時代後期以降／紙本軸装／高井鴻山記念館

《妖《よう》怪《かい》図《ず》》江戸時代後期以降／紙本軸装／国際日本文化研究センター

歌川国貞《うたがわくにさだ》

（三代目豊國）

1786-1865

江戸時代後期

江戸・浮世絵師の一大勢力を担った歌川派、初代歌川豊國《うたがわとよくに》の門人で、若くしてその頭角を現した歌川国貞は、もっぱら師の豊國と同様、美人画、役者絵で同門の絵師に抜きん出た（後に三代目豊國）。国貞が活躍した時代は江戸時代も終わりに差し掛かった文化・文政期。文学では妖怪たちが世間の笑いを誘った黄表紙《きびょうし》に代わって、よりシリアスで復讐心に燃える幽霊たちが登場する「合巻《ごうかん》」という長編絵入り草双《くさぞう》紙《し》が流行し、伝奇小説の読本《よみほん》がもてはやされた。庶民の娯楽としての歌舞伎も四代目鶴屋南北《つるやなんぼく》が、あっと驚く仕掛けや斬新な演出によって演芸の新機軸を打ち立てていた。南北の怪談ものは評判が評判を呼び、『東海道四谷怪談《とうかいどうよつやかいだん》』（一八二五年）は怪談の代名詞にもなった。こうした世俗に敏感に反応するのが、風俗画たる浮世絵。役者絵を十八番とし、南北と深い親交があった国貞は、怪談ものの大掛かりな舞台仕掛けで演じる役者や名場面を描いた芝居絵による妖怪画を多く残している。また、国貞を引き継いだ二代目国貞にも秀作が多く見られる［125頁］。

《七変化《しちへんげ》壱本足《いっぽんあし》(芝居絵)》1857年/大判錦絵/国立歴史民俗博物館

一本足《いっぽんあし》

化《ばけ》猫《ねこ》

《鍋島《なべしま》怪猫《ねこのかい》「愛妾胡蝶」「侍女於古テ」「成嶋大領」》
1853年／大判錦絵三枚続／早稲田大学坪内博士記念演劇博物館

安倍泰成調伏妖怪圖
天文博士安倍泰成
香蝶楼豊国画

九尾《きゅうび》の狐《きつね》

《安倍《あべ》泰成《のやすなり》調伏妖怪図《ようかいちょうぶくのず》》江戸時代後期（弘化頃）／大判錦絵三枚続／国立歴史民俗博物館

《重扇寿松若》1857年／中判錦絵／国立歴史民俗博物館

飛頭蛮《ろくろくび》

坂田金時
中村芝翫
臼井貞光
尾上梅幸
國貞画

傾城蜑雲紅の情

尾上松華

沢村田之助

國貞画

古伝物語

國貞画

三ツ目入道
みつめにゅうどう

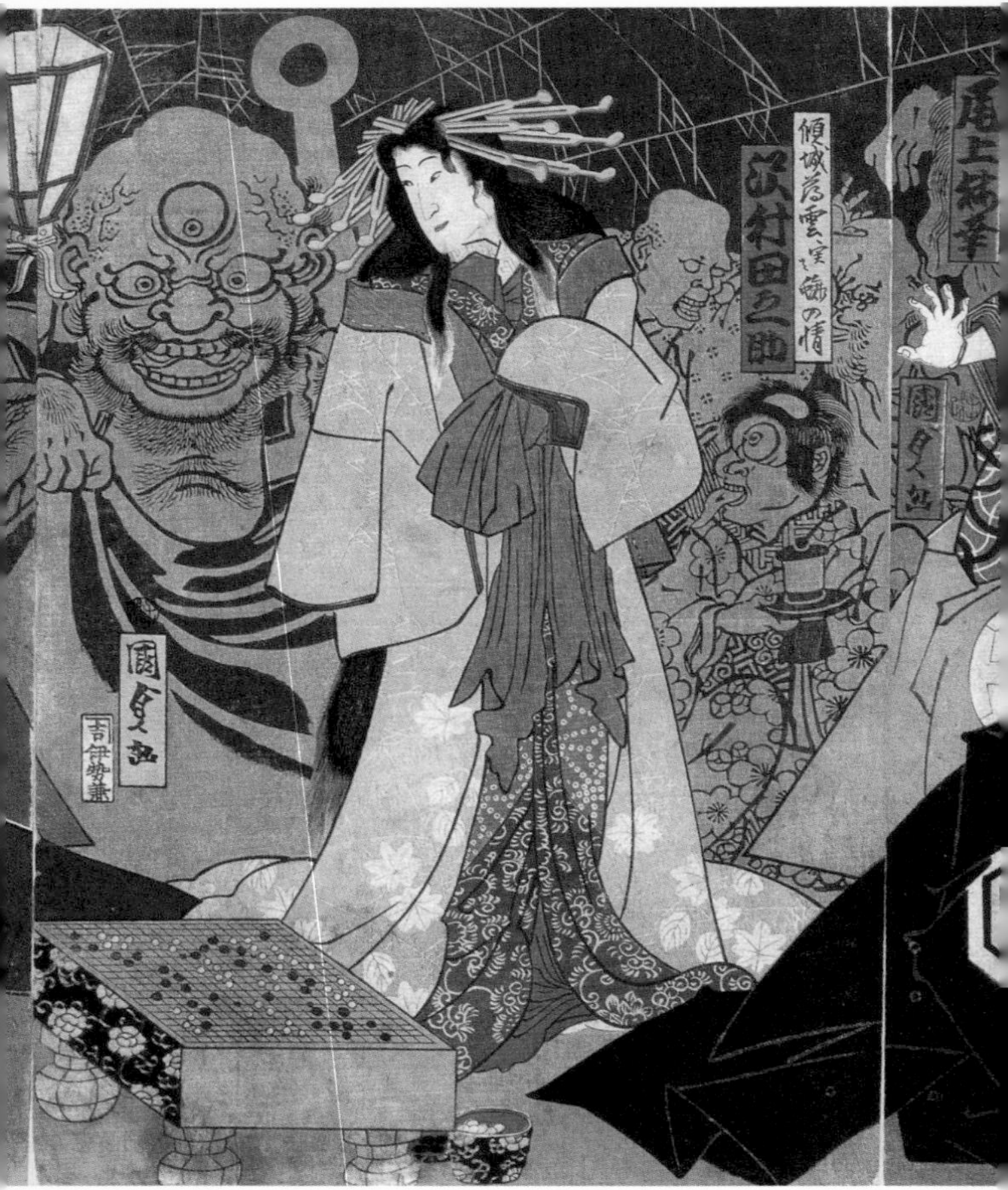

二代目国貞《傾城薄雲　田之助・酒田金時　芝翫》1864年／大判錦絵三枚続／国立歴史民俗博物館

見《み》越《こし》入道《にゅうどう》

坂東彦三郎
五渡亭国貞画

飛頭蛮《ろくろくび》

《腰元《こしもと》おつるろくろ首《くび》 尾上多見蔵《おのえたみぞう》》江戸時代後期（天保頃）／大判錦絵二枚続／国立歴史民俗博物館

歌川国芳《うたがわくによし》

1798-1869
江戸時代後期

初代歌川豊國の門人で、兄弟子には歌川国貞［116頁］がいる。国貞が役者絵に秀でたとしたら、国芳は武者絵で名を挙げた。国芳が描く武者たちの豪傑ぶりは、妖怪画にも引き継がれる。国芳が活躍した時代、つまり江戸後期から末期といった、社会の基盤が揺るがされ、時代が大きく変動しようとする時期には、とりわけ妖怪画はひとびとの関心を引いた。なかでも国芳が描く妖怪画は、大スペクタルの画面に今にも絵が動き出さんとばかりの躍動感溢れる描写、大胆な構図、そしてときには遊び心が利いており、評判が高いものだった。ひとびとが国芳の妖怪画を支持したのは、絵の魅力ももちろんのこと、国芳が「庶民の味方」だったことも大きい。浮世絵にも大打撃を与えた天保の改革に対して容赦しなかった国芳。《源《みなもとの》頼光公《よりみつこう》館《やかた》土蜘作妖怪図《つちぐもようかいのなすず》》［149頁］では、古典の土蜘蛛草紙を原典としながらも、妖怪たちが襲いかかろうとしているのは、当世幕府の要人たちだった。江戸時代後期から末期にかけての妖怪画は、世情を反映した、体制批判の精神が溢れるものもあった。

主《しゆ》馬《めの》佐《すけ》酒《さか》田《たの》公《きん》時《とき》

見越入道
（み こしにゅうどう）

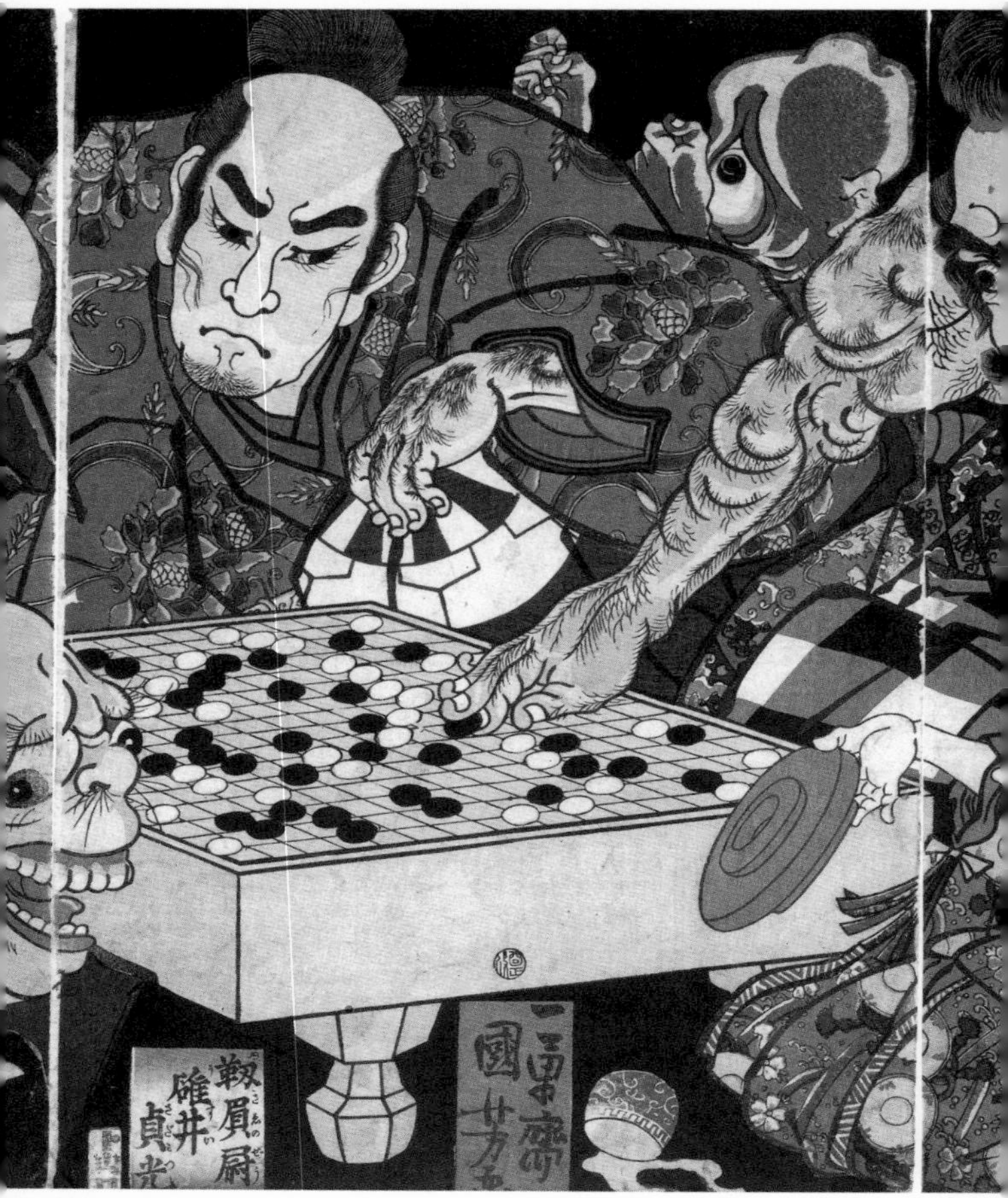

《主馬佐《しゆめのすけ》酒田公時《さかたのきんとき》 靫負尉《ゆげいのじょう》碓井《うすい》貞光《さだみつ》 瀧口《たきぐち》内舎人《うとねり》源次綱《げんじつな》》
江戸時代後期／大判錦絵三枚続／山口県立萩美術館・浦上記念館

外道化もの夕涼

《道《どう》外《け》化《ばけ》もの夕涼《ゆうすずみ》》1842年頃／大判錦絵／個人蔵

百物語化物屋敷の圖

《林屋《はやしや》正蔵《しょうぞう》工夫《くふう》の怪談《かいだん》 百物語《ひゃくものがたり》化物《ばけもの》屋敷《やしき》の図《ず》》
1839-41年頃／大判錦絵／山口県立萩美術館・浦上記念館

《和漢《わかん》準《なぞらえ》源氏《げんじ》 蓬生《よもぎう》 桃太郎《ももたろう》》1855年／大判錦絵／個人蔵

《金太郎《きんたろう》鬼《おに》ケ《が》嶋《しま》遊《あそび》》1842年頃／大判錦絵／個人蔵

木《き》曾《そ》街道《がいどう》六十九《ろくじゅうきゅう》次《つぎ》之《の》内《うち》 細久手《ほそくて》 堀越大領《ほりこしたいりょう》／1852年／大判錦絵／山口県立萩美術館・浦上記念館

讃岐院《さぬきのゐん》眷属《けんぞく》をして為朝《ためとも》をすくふ圖《づ》
白ぬい姫
一勇斎國芳画

烏天狗《からすてんぐ》

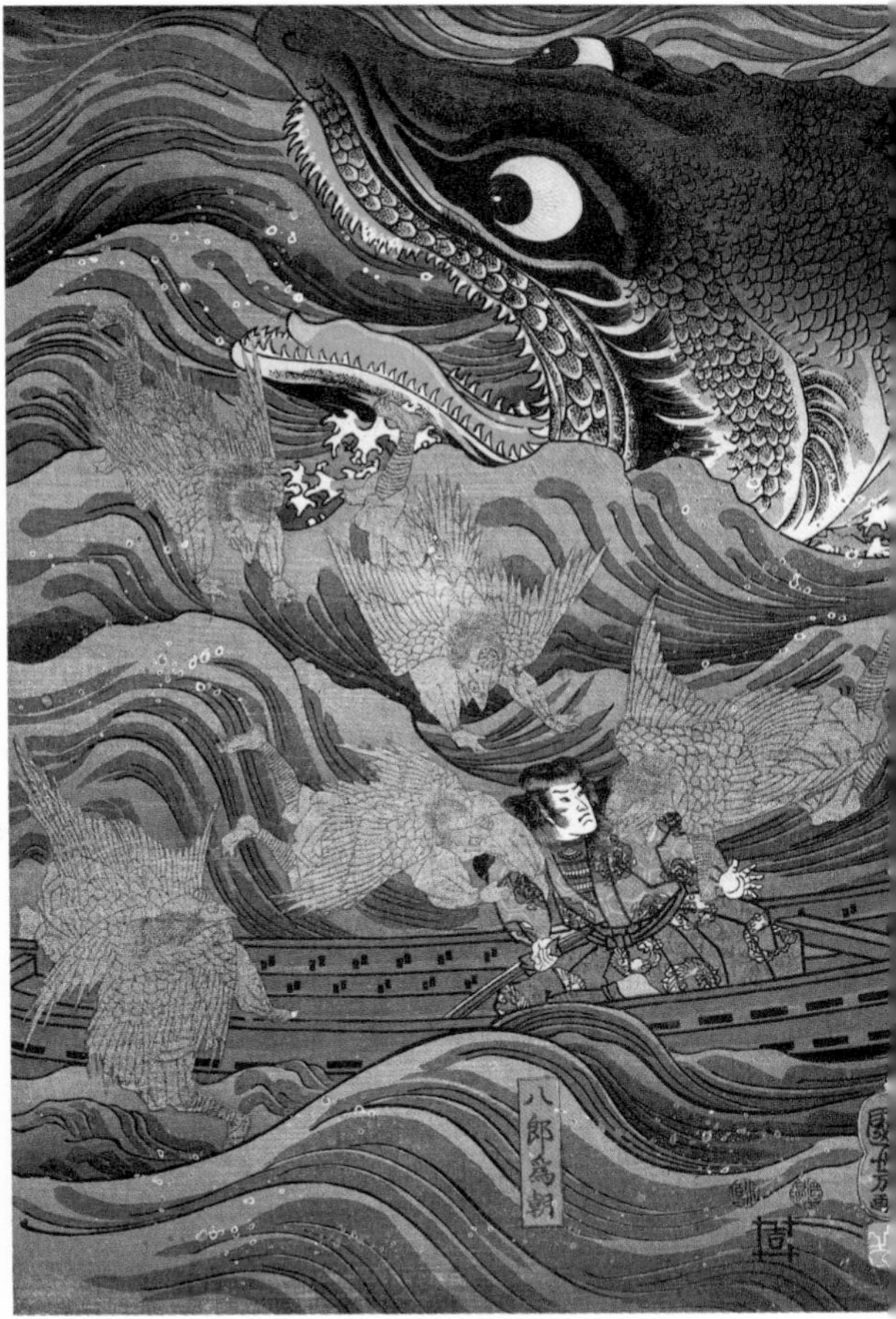

讃岐《さぬき》院《いん》眷属《けんぞく》をして為朝《ためとも》をすくふ図《ず》／1851年／大判錦絵三枚続／個人蔵

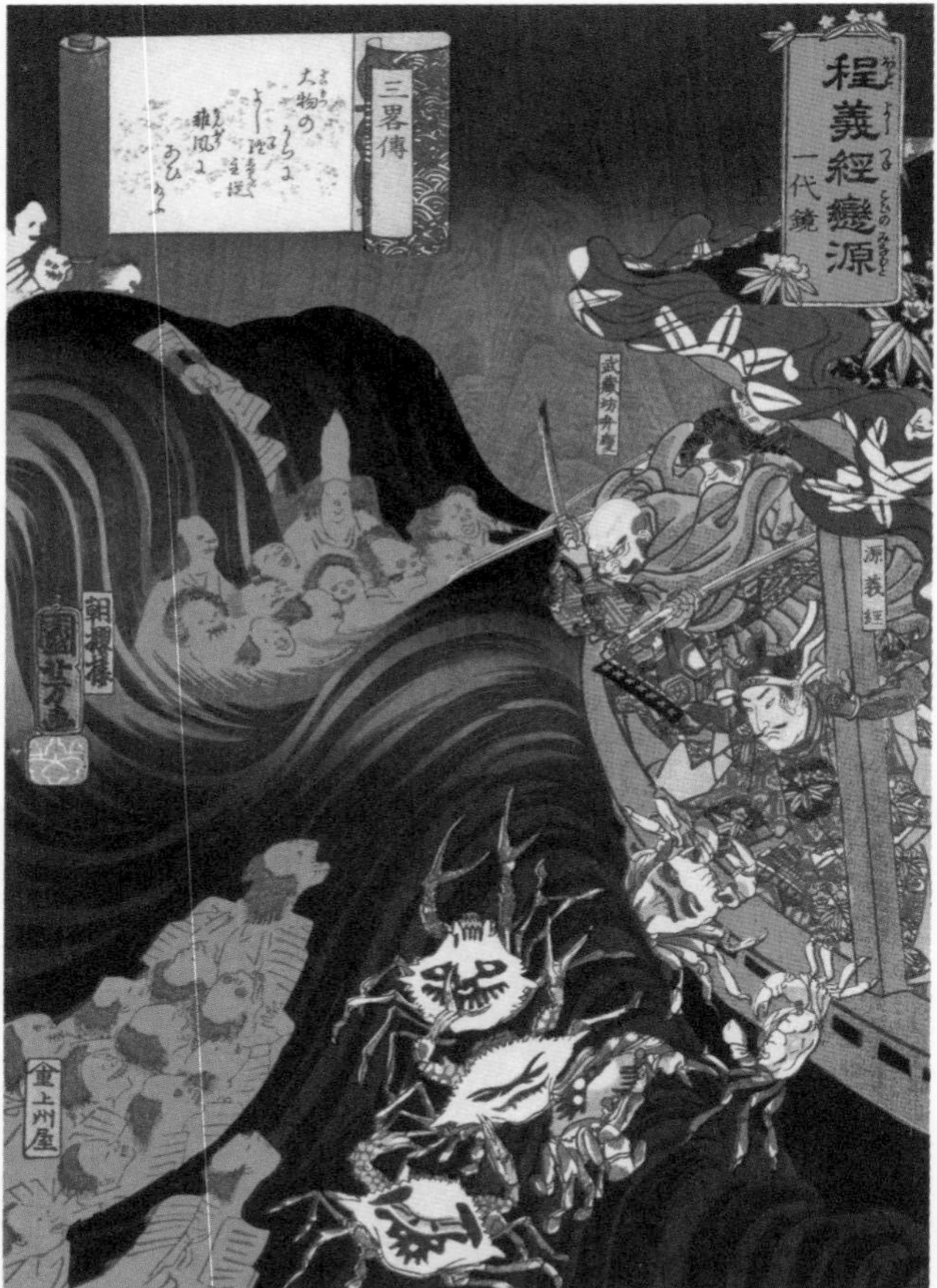

《程義経《ほどよしつね》恋《こいの》源《みなもと》一代鏡《いちだいかがみ》　三略伝　大物浦《だいもつのうら》》1853年／大判錦絵／個人蔵

船幽霊《ふなゆうれい》

《和漢《わかん》 準《なぞらえ》 源氏《げんじ》 玉《たま》かつら 武内宿祢《たけのうちのすくね》得千珠満珠《かんじゅまんじゅ》》1855年／大判錦絵／個人蔵

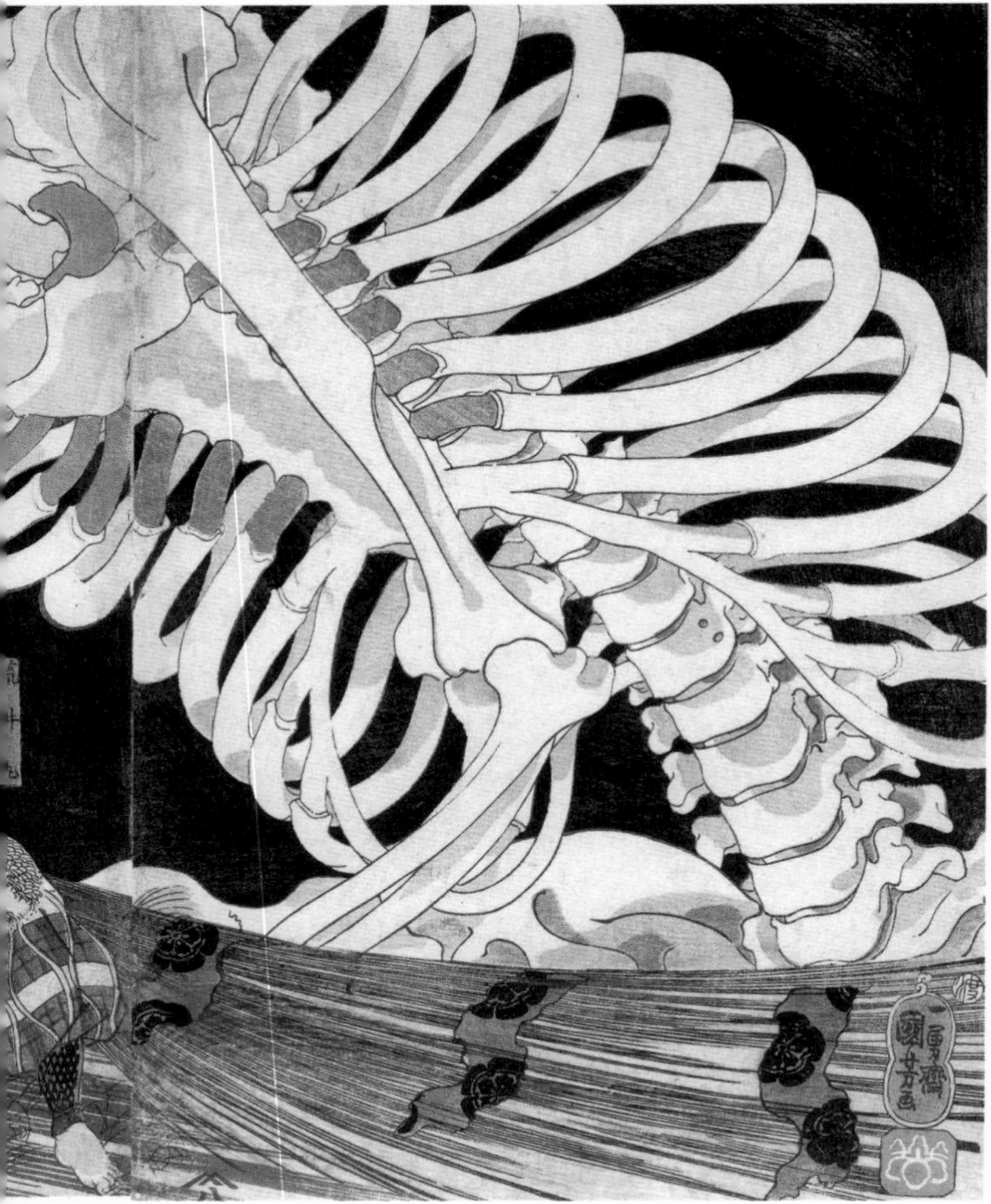
一勇齋國芳画

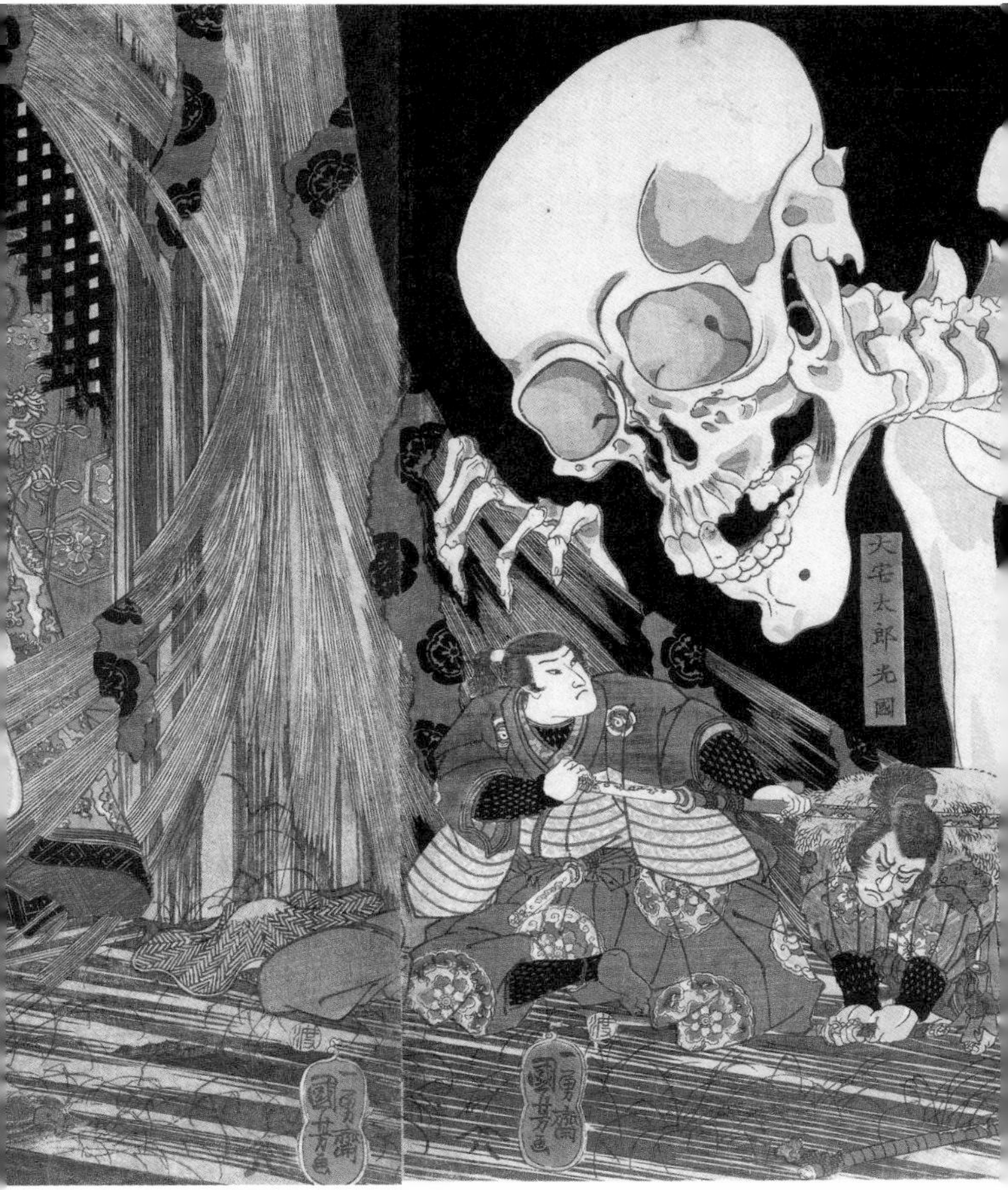

骸骨
がいこつ

《相馬《そうま》の古内裏《ふるだいり》》1845-46年頃／大判錦絵三枚続／山口県立萩美術館・浦上記念館

土蜘蛛《つちぐも》

内舎人渡邊綱
主馬佐坂田金時

《源《みなもとの》 頼光公《よりみつこう》 館《やかた》 土蜘作妖怪図《つちぐもようかいのなすず》》1842-43年/大判錦絵三枚続/山口県立萩美術館・浦上記念館

152-154頁《化物忠臣蔵《ばけものちゅうしんぐら》》1839-42年頃／大判錦絵三枚続／個人蔵

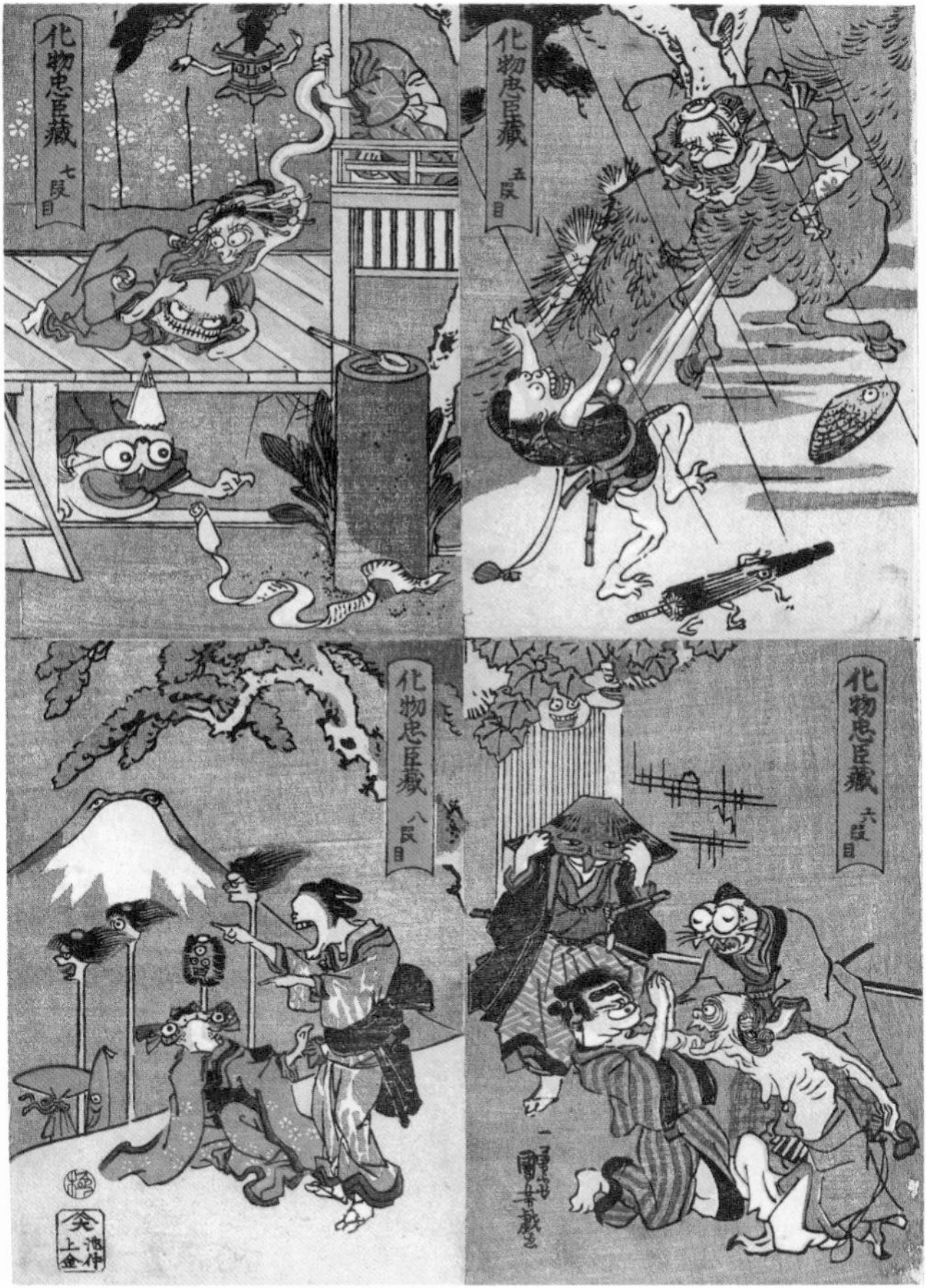
化物忠臣蔵 五段目
化物忠臣蔵 七段目
化物忠臣蔵 六段目
化物忠臣蔵 八段目

化物忠臣蔵 九段目
化物忠臣蔵 十一段目
化物忠臣蔵 十段目
化川屋
化物忠臣蔵 十一段下

第3章 妖怪画の文明開化

月岡芳年《つきおかよしとし》

1839-1892
江戸時代末期〜
明治時代初期

時代が大きなうねりを上げながら急速な変化を遂げようとする幕末に月岡芳年は生まれた。十二歳で歌川国芳［130頁］に弟子入りし、十五歳で鮮烈なデビューを飾る。ペリー提督の来航は、ちょうど芳年がデビューしたこの年のことである。まさに芳年は、幕末から明治の激動の時代を疾走した絵師だ。「最後の浮世絵師」と称されたが、単に伝統的な型を踏襲するだけではなく、新しい時代の空気を浴びながら、表現者としての近代的な自我を確立していった。妖怪が多く登場する《和《わ》漢百物《かんひゃくもの》語《がたり》》［163-166頁］や《新形三十六怪撰《しんがたさんじゅうろっかいせん》》［157-162頁］でも、故事や古典を下敷きにしつつも、新たな解釈と独創的な作画が試みられている。これら妖怪画についていえば、コミカルな表情や動きの妖怪に、あわてふためくひとびとのさまは、恐怖というよりは笑いを誘う劇画となっている。しかし、まるでカメラで活写したかの精緻な描写はあまりにも真に迫った生々しさゆえ、衝撃を与えることも少なくなかった。

次頁《新形三十六怪撰《しんがたさんじゅうろっかいせん》 蒲生貞秀《がもうさだひで》臣《のしん》土岐元貞《ときもとさだ》甲州《こうしゅう》猪鼻山《いのはなやまに》魔王《まおう》投倒図《なげたおすず》》
1889-92年／大判錦絵／山口県立萩美術館・浦上記念館

蒲生貞秀臣土岐元貞
甲州猪鼻山魔王投倒圖

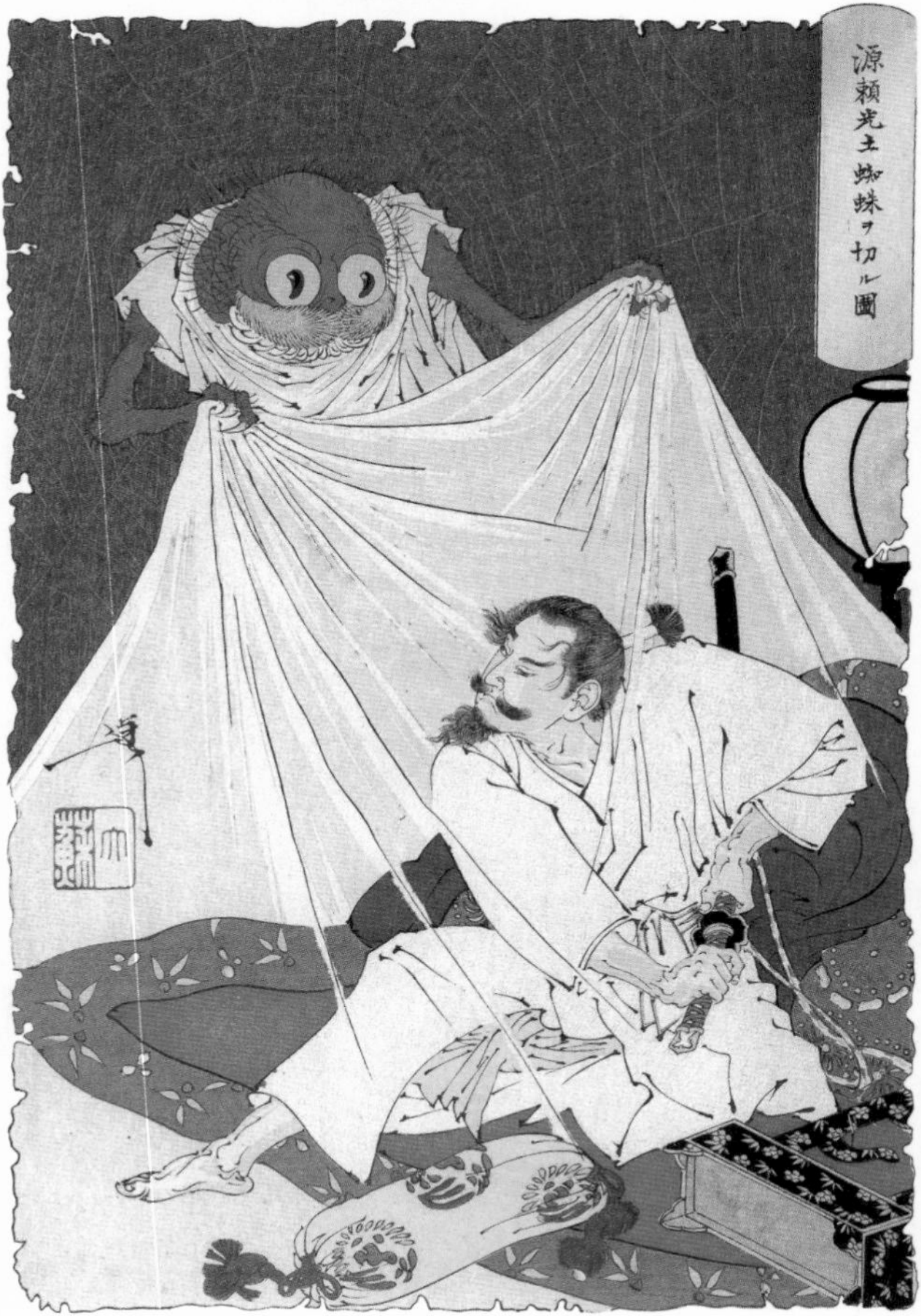

《新形三十六怪撰《しんがたさんじゅうろっかいせん》　源《みなもとの》 頼光《よりみつ》土蜘蛛《つちぐも》ヲ切《き》ル図《ず》》
1889-92年／大判錦絵／山口県立萩美術館・浦上記念館

土蜘蛛《つちぐも》

《新形三十六怪撰《しんがたさんじゅうろっかいせん》 為朝《ためとも》の武威《ぶい》 疫鬼神《えききしん》を退《しりぞ》く図《ず》》
1889-92年／大判錦絵／山口県立萩美術館・浦上記念館

疱瘡神《ほうそうしん》

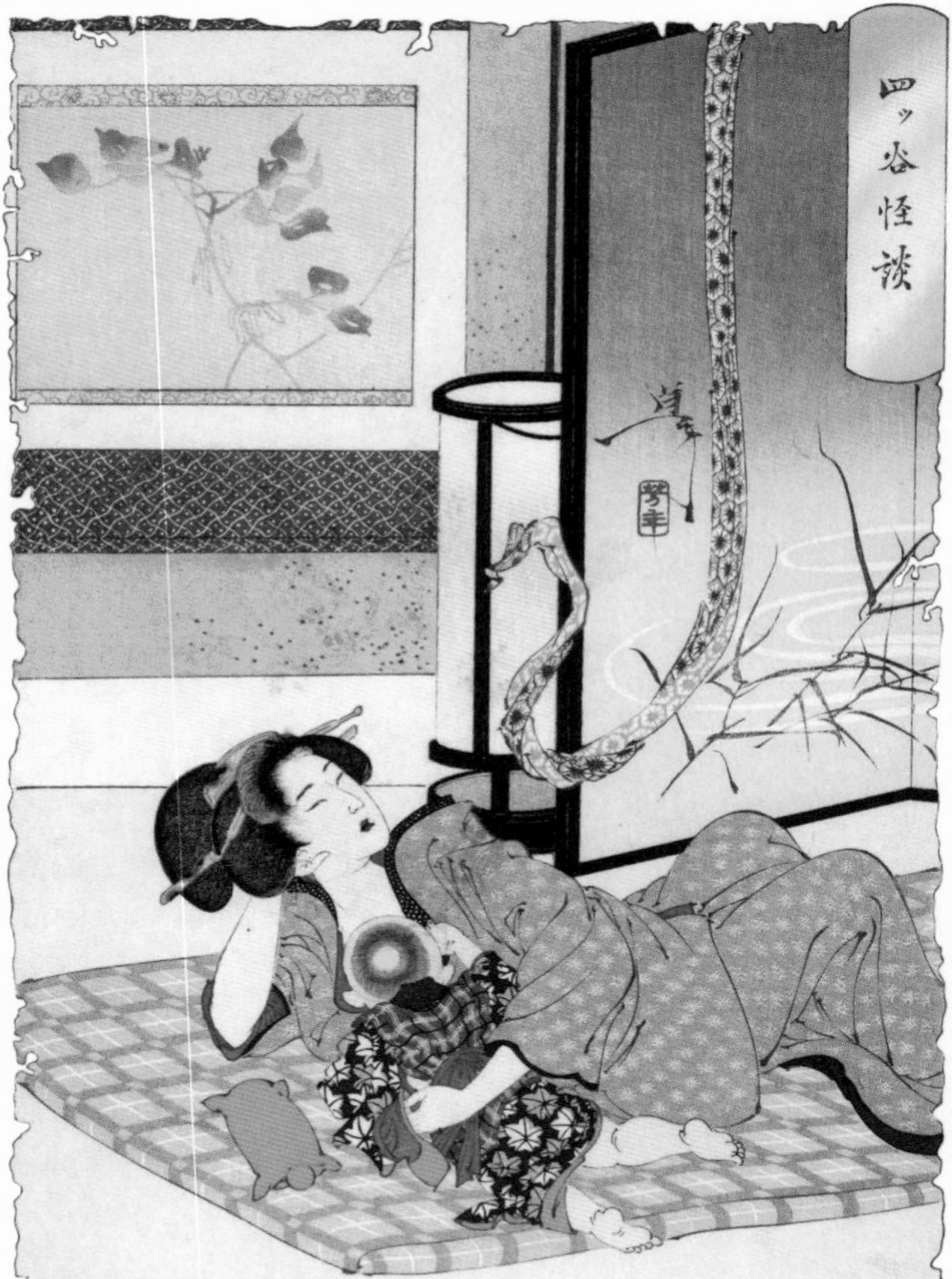

蛇帯《じゃたい》

お岩《いわ》さん

《新形《しんがた》三十六《さんじゅうろっ》怪撰《かいせん》 四ツ谷《よっや》怪談《かいだん》》1889-92年／大判錦絵／国際日本文化研究センター

《新形《しんがた》三十六《さんじゅうろっ》怪撰《かいせん》 茂林寺《もりんじ》の文福茶釜《ぶんぶくちゃがま》》1889-92年/大判錦絵/国際日本文化研究センター

《新形三十六怪撰《しんがたさんじゅうろっかいせん》　おもゐつゝら》1889-92年／大判錦絵／山口県立萩美術館・浦上記念館

三ツ目《みつめ》入道《にゆうどう》

《和漢百物語《わかんひゃくものがたり》 頓欲ノ婆々《どんよくのばばあ》》1865年／大判錦絵／山口県立萩美術館・浦上記念館

《和漢百物語《わかんひゃくものがたり》　登喜大四郎《ときだいしろう》》１８６５年／大判錦絵／山口県立萩美術館・浦上記念館

《和漢百物語《わかんひゃくものがたり》　小野川喜三郎《おのがわきさぶろう》》１８６５年／大判錦絵／山口県立萩美術館・浦上記念館

三ツ目《みつめ》入道《にゅうどう》

《和《わ》漢《かん》百《ひやく》物語《ものがたり》　大宅《おおやの》太《た》郎《ろう》光国《みつくに》》1865年／大判錦絵／山口県立萩美術館・浦上記念館

骸骨《がいこつ》

桃太郎豆蒔之圖
一魁齋芳年画

《桃《もも》太《た》郎《ろう》豆《まめ》蒔《まき》之《の》図《ず》》1859年／大判錦絵三枚続／早稲田大学図書館

鬼《おに》

《一魁《いっかい》随筆《ずいひつ》　托塔《たくとう》天王《てんおう》晁蓋《ちょうがい》》1872年／大判錦絵／山口県立萩美術館・浦上記念館

《一魁随筆《いっかいずいひつ》　朝比奈三郎義秀《あさひなさぶろうよしひで》》1872年／大判錦絵／山口県立萩美術館・浦上記念館

（右上から順に）
長　冠《おさこうぶり》
角盥漱《つのはんぞう》
三味長　老《しゃみちょうろう》
木魚達磨《もくぎょだるま》
琵琶牧々《びわぼくぼく》
乳　鉢坊《にゅうばちぼう》
瓢　箪小僧《ひょうたんこぞう》

如意自在

鎗毛《やりけ》長《ちょう》

幣六《へいろく》

鈴彦姫《すずひこひめ》

箒神《ははきがみ》

禅釜《ぜんふ》尚《しょう》

瀬戸《せと》大将《だいしょう》

《百器夜行《ひゃっきやぎょう》》1865年／大判錦絵二枚続／国際日本文化研究センター

河鍋暁斎《かわなべきょうさい》

1831-1889

江戸時代末期〜
明治時代初期

河鍋暁斎ほど幕末から明治にかけてというめまぐるしく変化が訪れる時代を体現した絵師もいないだろう。これがたった一人の絵師による作品群かと思うほど、手がけたテーマもジャンルも手法も画風さえも実に多彩である。古典的な水墨画があるかと思えば、世俗的な浮世絵も描いた。西洋画の技法や当時目新しかった西洋マンガにも大きな影響を受け、積極的に取り入れた。精緻な筆致で描いた画があれば、一見戯れで描いたような狂画、または高さ四メートル、幅十七メートルの引き幕をたった四時間で大胆に描き上げる偉業も果たした［194頁］。幼少期に歌川国芳の門下となり、後に狩野派に入門し免状を得た経歴を持つが、しかしこれだけでは暁斎の多彩ぶりを説明するには足りない。近世から近代へと日本が大きく躍動する力をすべて呑み込み、絵筆に託して一気に発散するかのエネルギッシュさがある。こうした資質は、妖怪画についても同様なことがいえる。近代化が進み、前時代的なもの、非合理的な妖怪画が次第に疎まれていくなか、暁斎は一人、息巻くのである。

名鏡倭魂　新板
本阿弥平十郎
名鏡ノ奇特ニテ
彫工銀
彫工銀

北越産
栗原信秀
惺々暁斎
彫工銀

《名鏡倭魂《めいきょうやまとだましい》 新板》1874-75年／大判錦絵三枚続／河鍋暁斎記念美術館

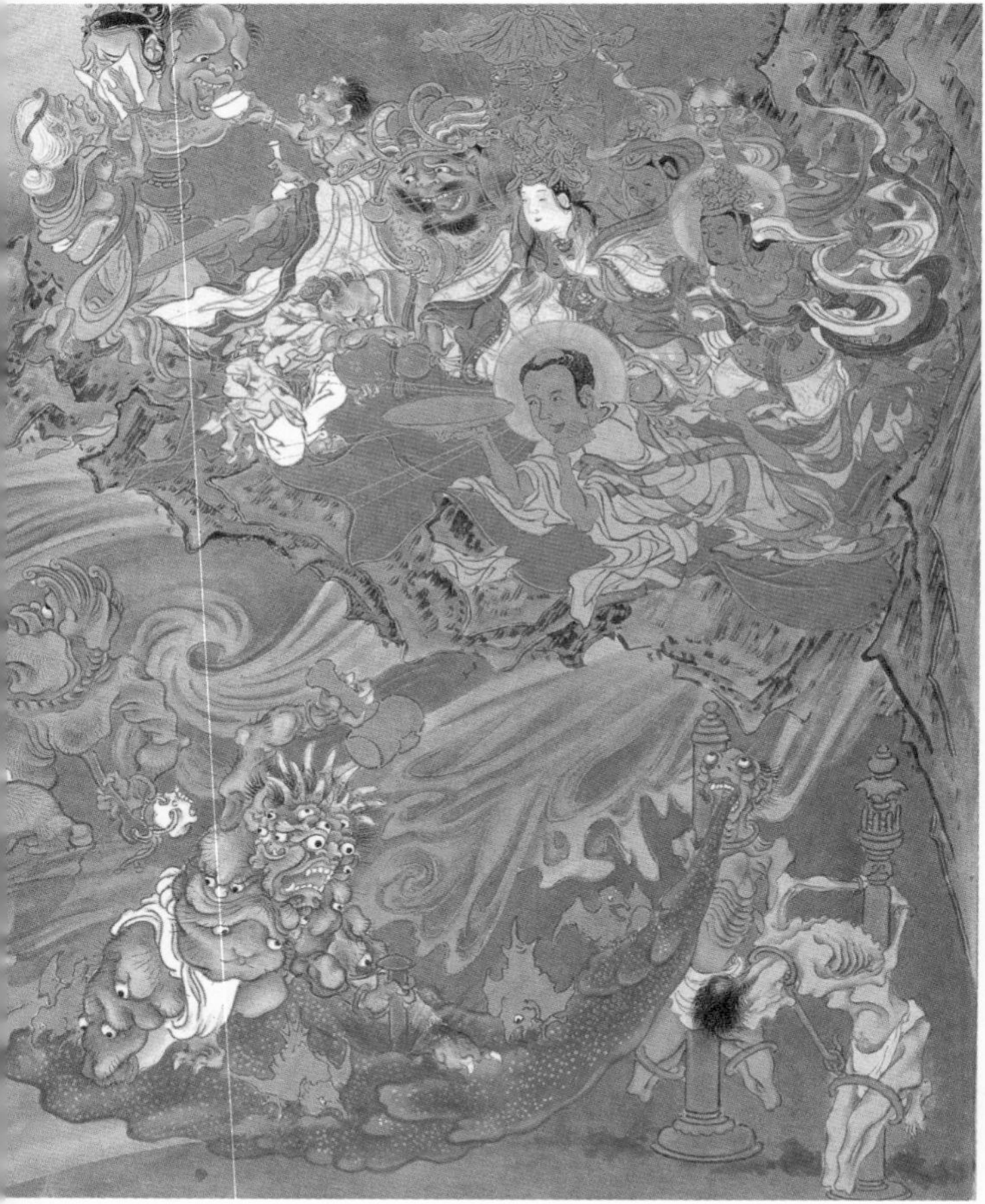

《地《じ》獄《ごく》極《ごく》楽《らく》めぐり図《ず》 地《じ》獄《ごく》見《けん》物《ぶつ》II》1869-72年／紙本着色／静嘉堂文庫美術館

《地獄《じごく》太夫《だゆう》と一休禅師《いっきゅうぜんし》》1874年／絹本着色／福富太郎コレクション資料室

《暁斎楽画《きょうさいらくが》 第《だい》九号《ごう》 地獄太夫《じごくだゆう》》 1871年／大判錦絵／福富太郎コレクション資料室

骸骨《がいこつ》

《閻魔《えんま》大王《だいおう》浄《じょう》玻璃《はり》鏡《きょう》図《ず》》1887年／絹本着色／福富太郎コレクション資料室

鬼《おに》

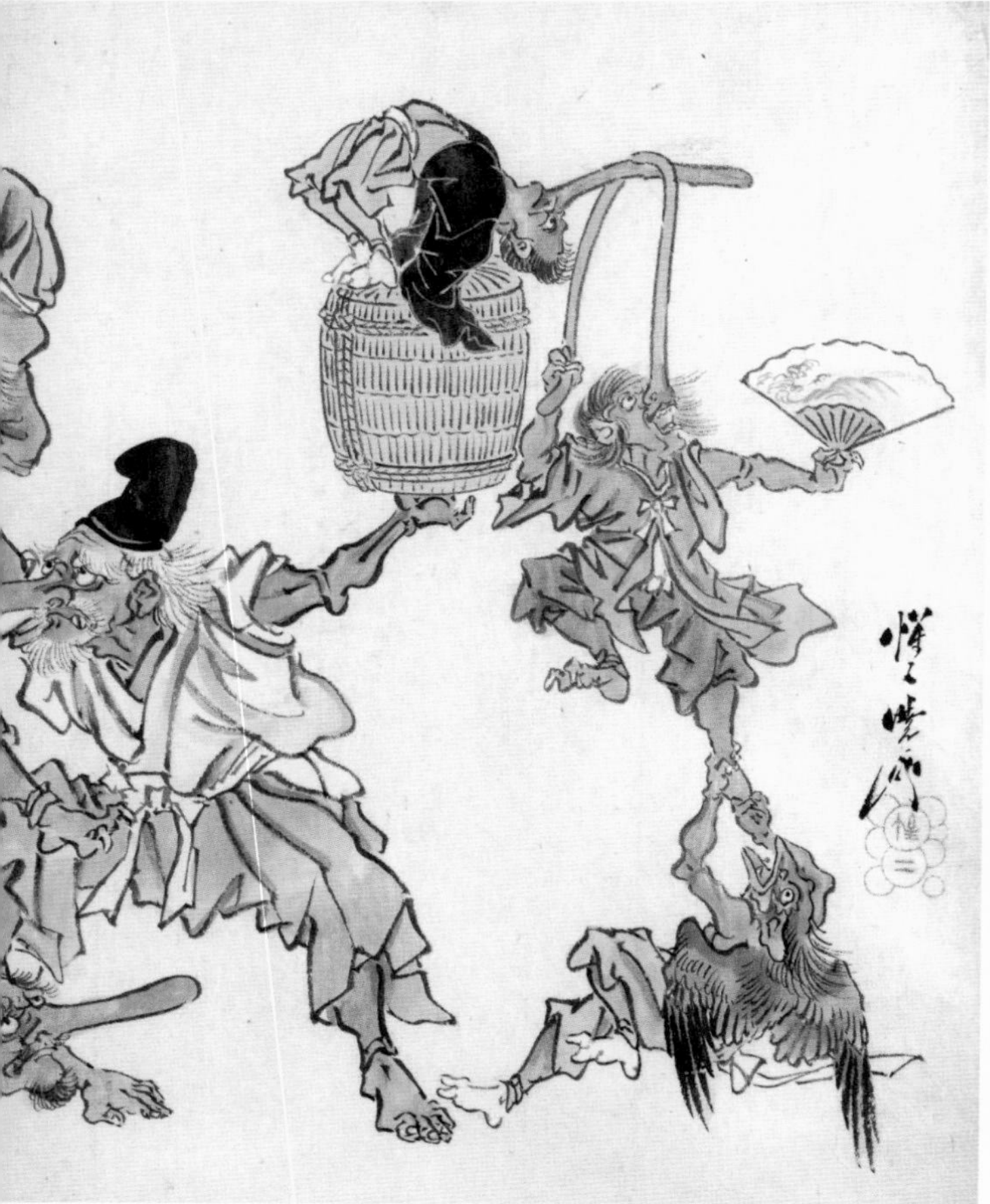

鼻高天狗
はなたかてんぐ

烏天狗
からすてんぐ

《天狗《てんぐ》の曲芸《きょくげい》》１８７９年頃／紙本着色／大英博物館

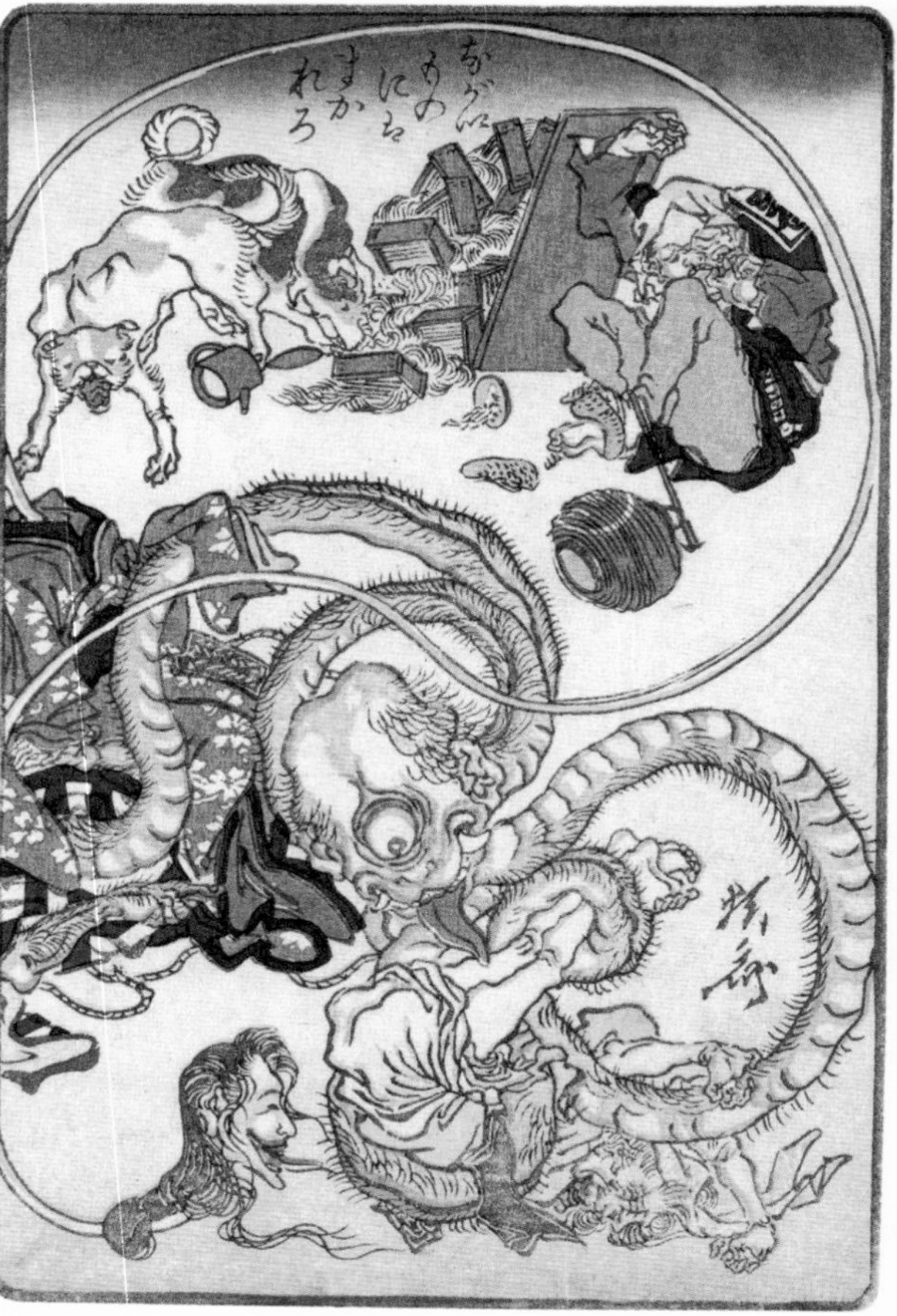

一ツ《ひとつ》目《め》入道《にゅうどう》

飛頭蛮《ろくろくび》

《『狂斎百図《きょうさいひゃくず》』ながいものにはまかれろ》1863-66年／小判錦絵／河鍋暁斎記念美術館

《『狂斎《きょうさい》百図《ひやくず》』坂公のゆめ》1863-66年／小判錦絵／河鍋暁斎記念美術館

烏《からす》天狗《てんぐ》

土蜘蛛《つちぐも》

《『狂斎興画帳《きようさいきようがちよう》』入道《にゆうどう》》1870年以前／画帳（部分）／河鍋暁斎記念美術館

入道《にゆうどう》

《『狂斎《きょうさい》興《きょう》画帳《がちょう》』摩道《まどう》》１８７０年以前／画帳（部分）／河鍋暁斎記念美術館

摩道《まどう》

《百怪《ひゃっかい》図《ず》》1871年／紙本墨画淡彩（双幅）／大英博物館

小槌《こづち》

191–193頁《妖怪図帖》明治以前／肉筆・絹本彩色（貼込画帳）／浦上満コレクション

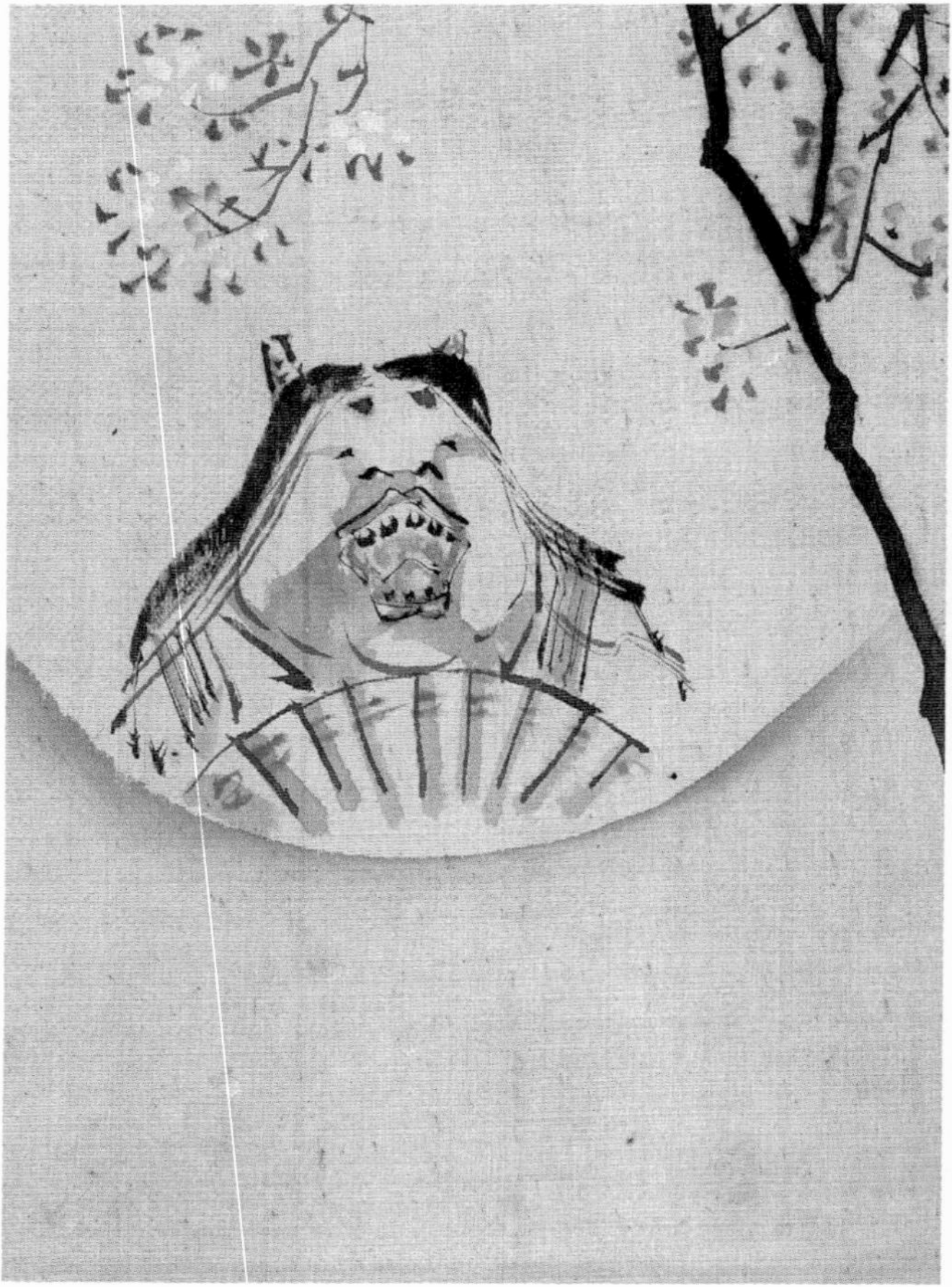

半挿
はんぞう

豆腐小僧
（とうふこぞう）

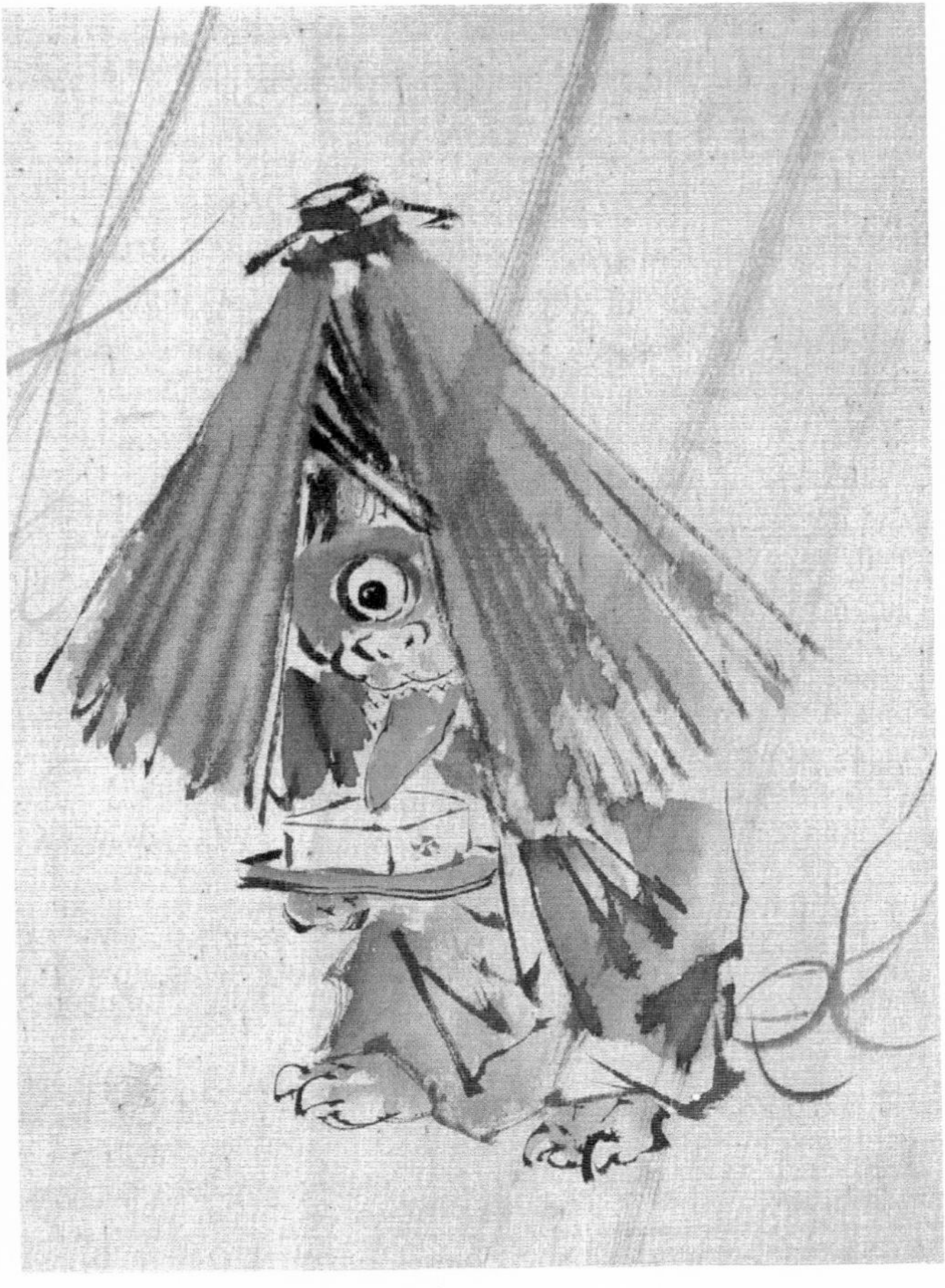

相撲

惺々
暁斎
於二見
冩眞樓
席画

《新富《しんとみ》座《ざ》妖怪《ようかい》引幕《ひきまく》》1880年／布墨画着色／早稲田大学坪内博士記念演劇博物館

《暁斎楽画《きょうさいらくが》 第《だい》三号《ごう》 化々学校《ばけばけがっこう》》1874年／大判錦絵／河鍋暁斎記念美術館

201頁－242頁『暁斎《きようさい》百鬼《ひやつき》画《が》壇《だん》』1889年／折本／河鍋暁斎記念美術館

骸骨《がいこつ》

琵琶牧々《びわぼくぼく》

琴古主《ことふるぬし》

烏天狗《からすてんぐ》

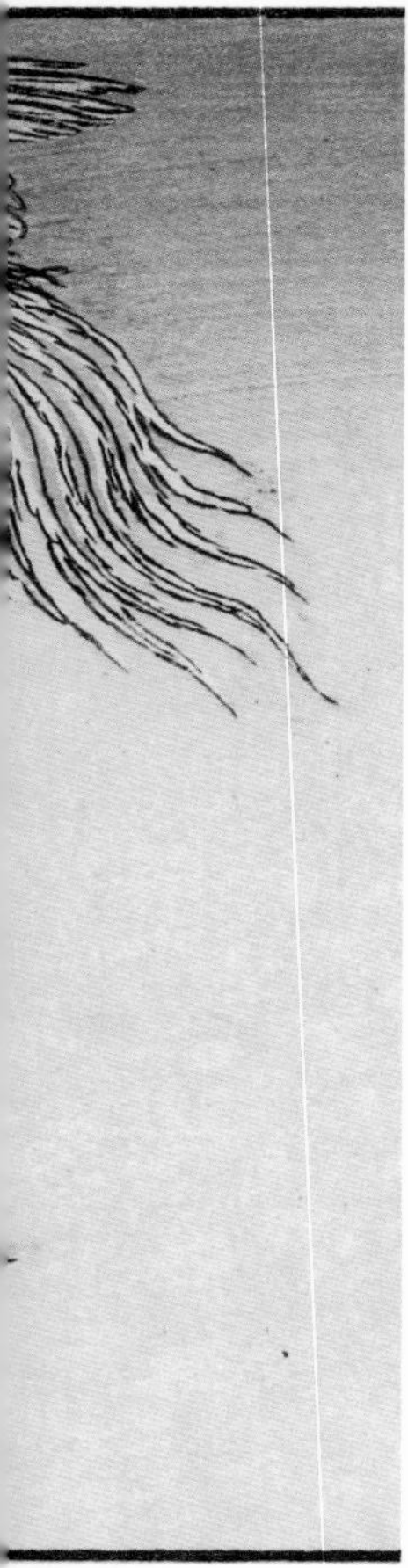

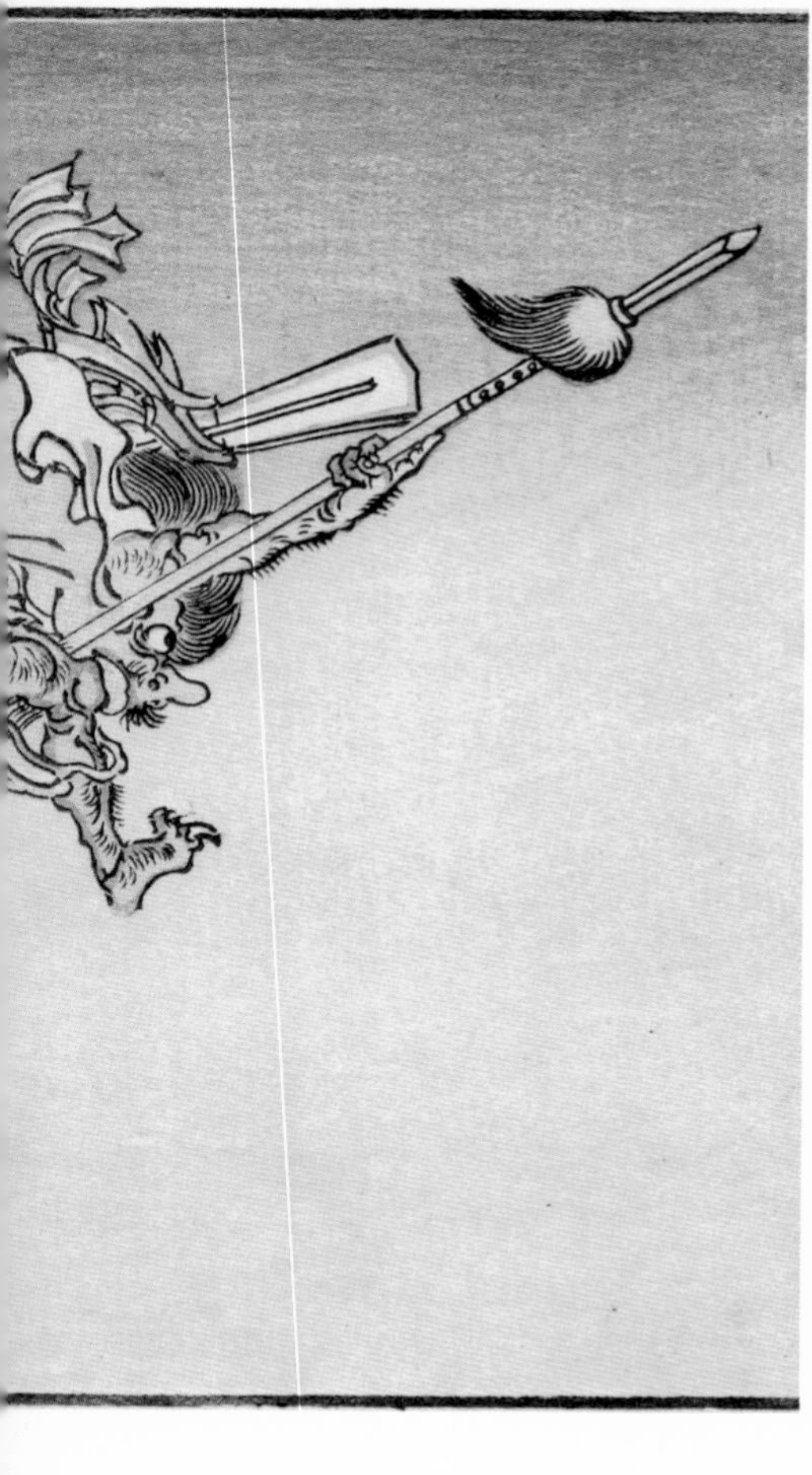
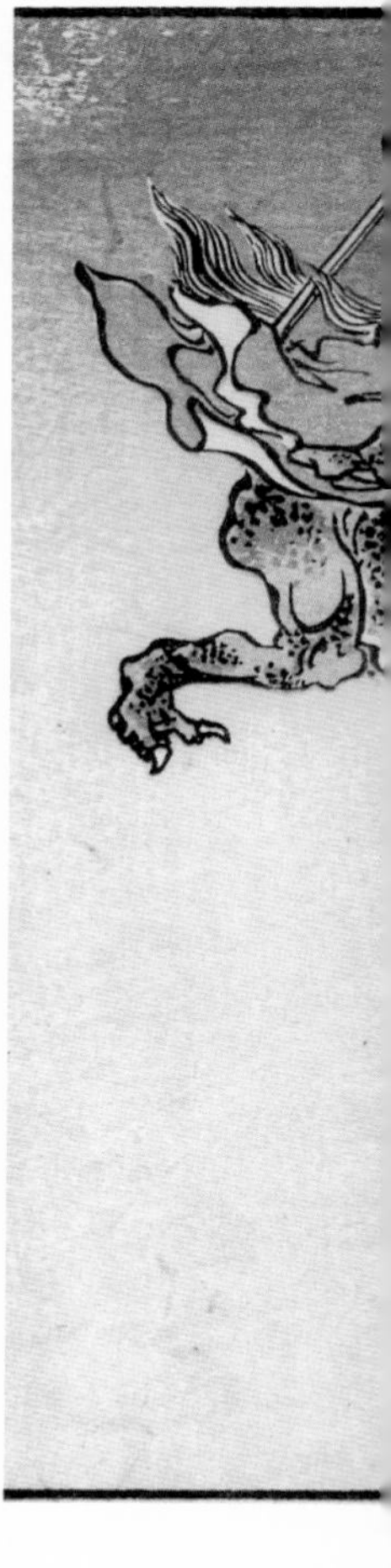

矛担《ほこかつぎ》

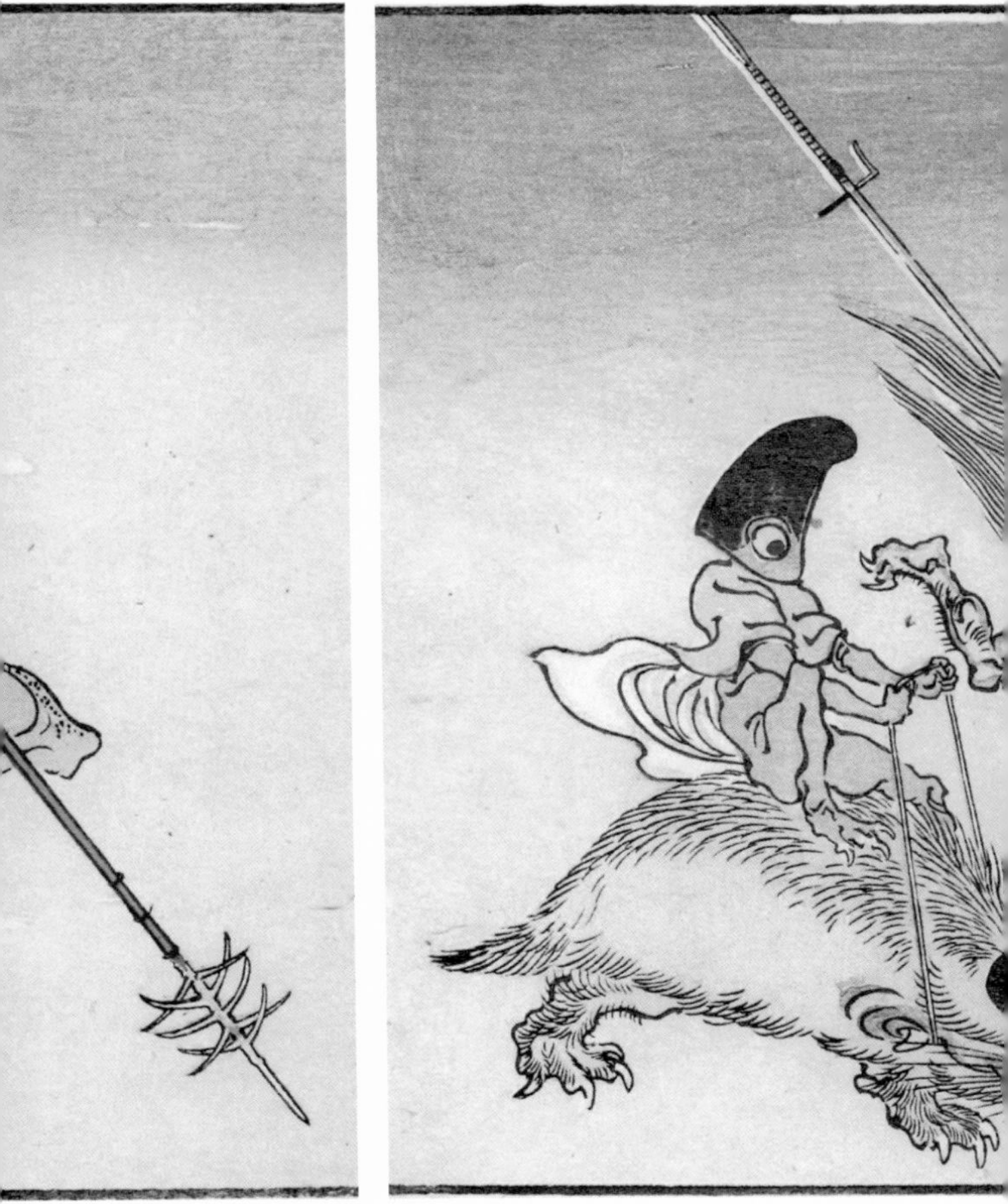

沓頬<ruby>くつつら</ruby>

金槌坊《かなづちぼう》

袋狢《ふくろむじな》

狐憑《きつねつ》き

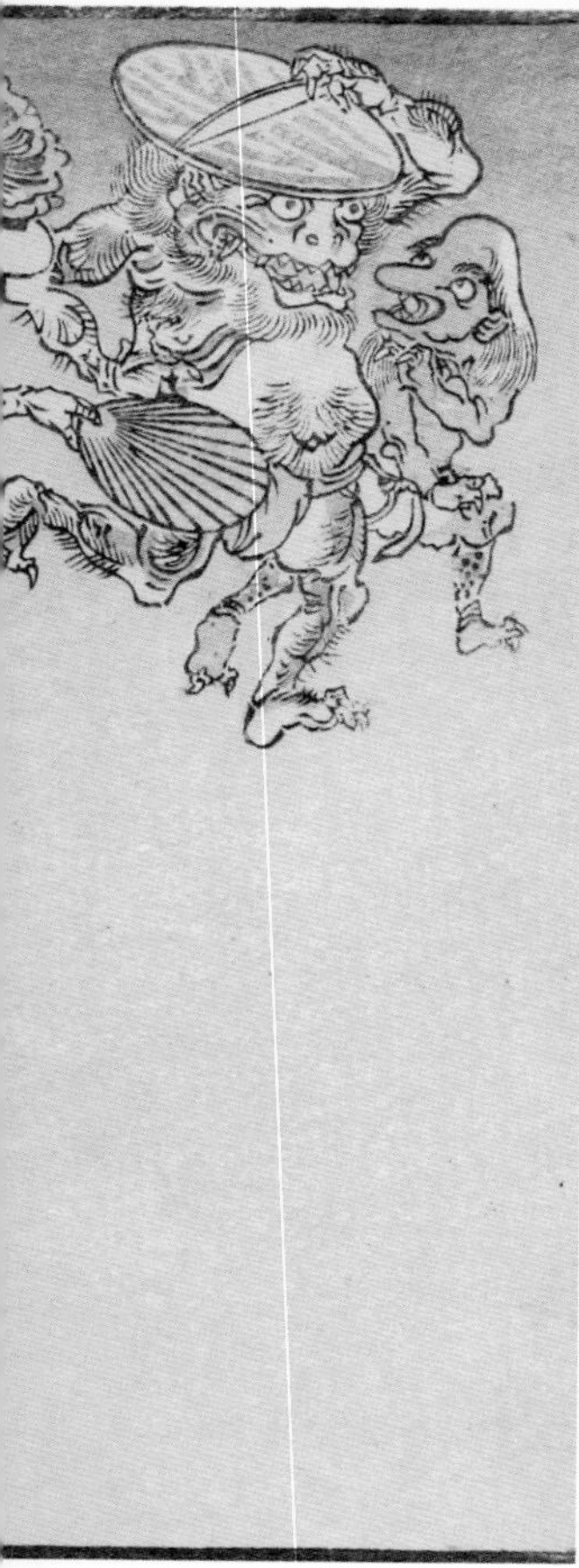

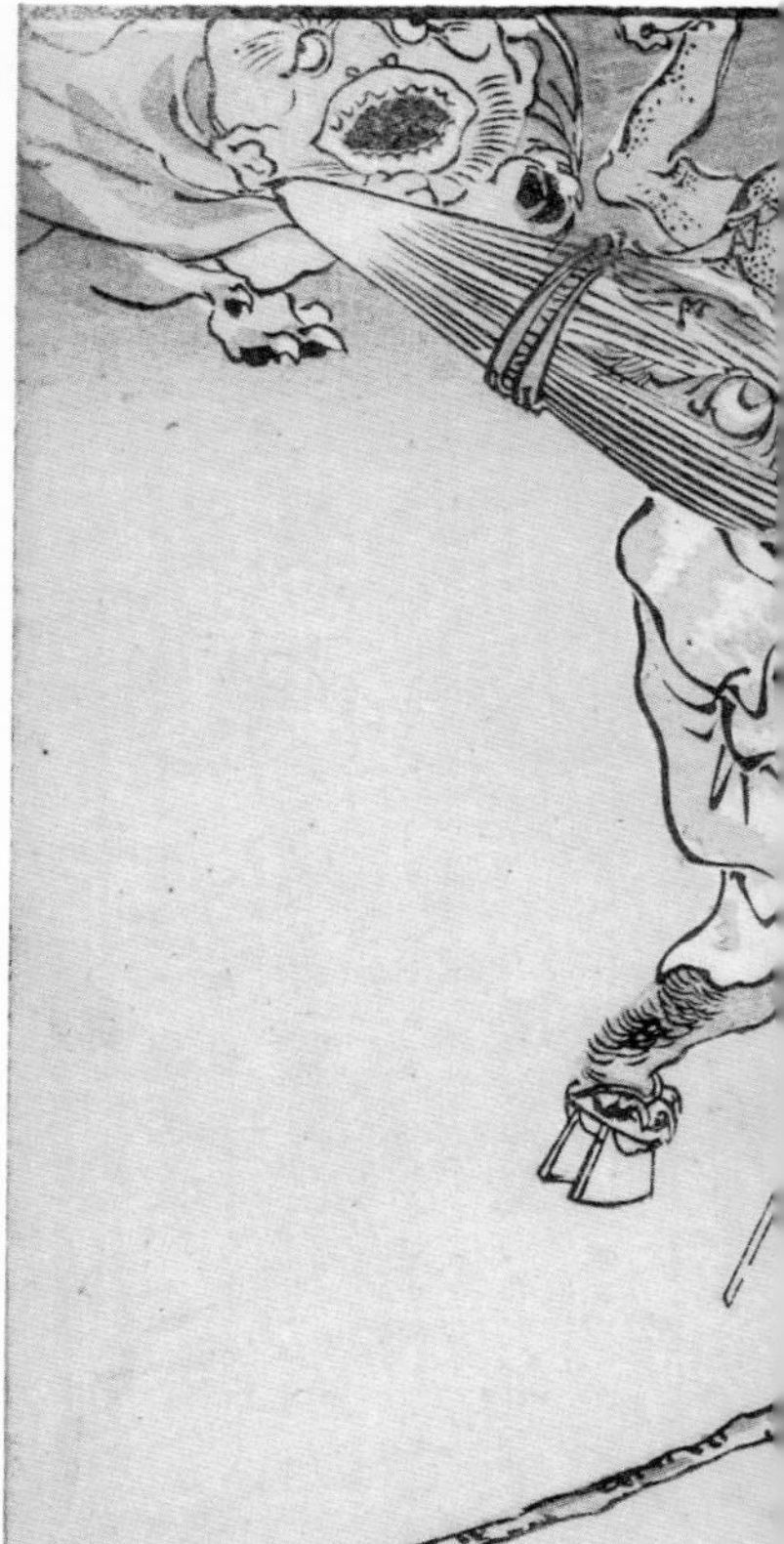

釜蓋
かまぶた

五徳怪
（ごとくあやし）

鍋坊主
（なべぼうず）

釜神
（かまがみ）

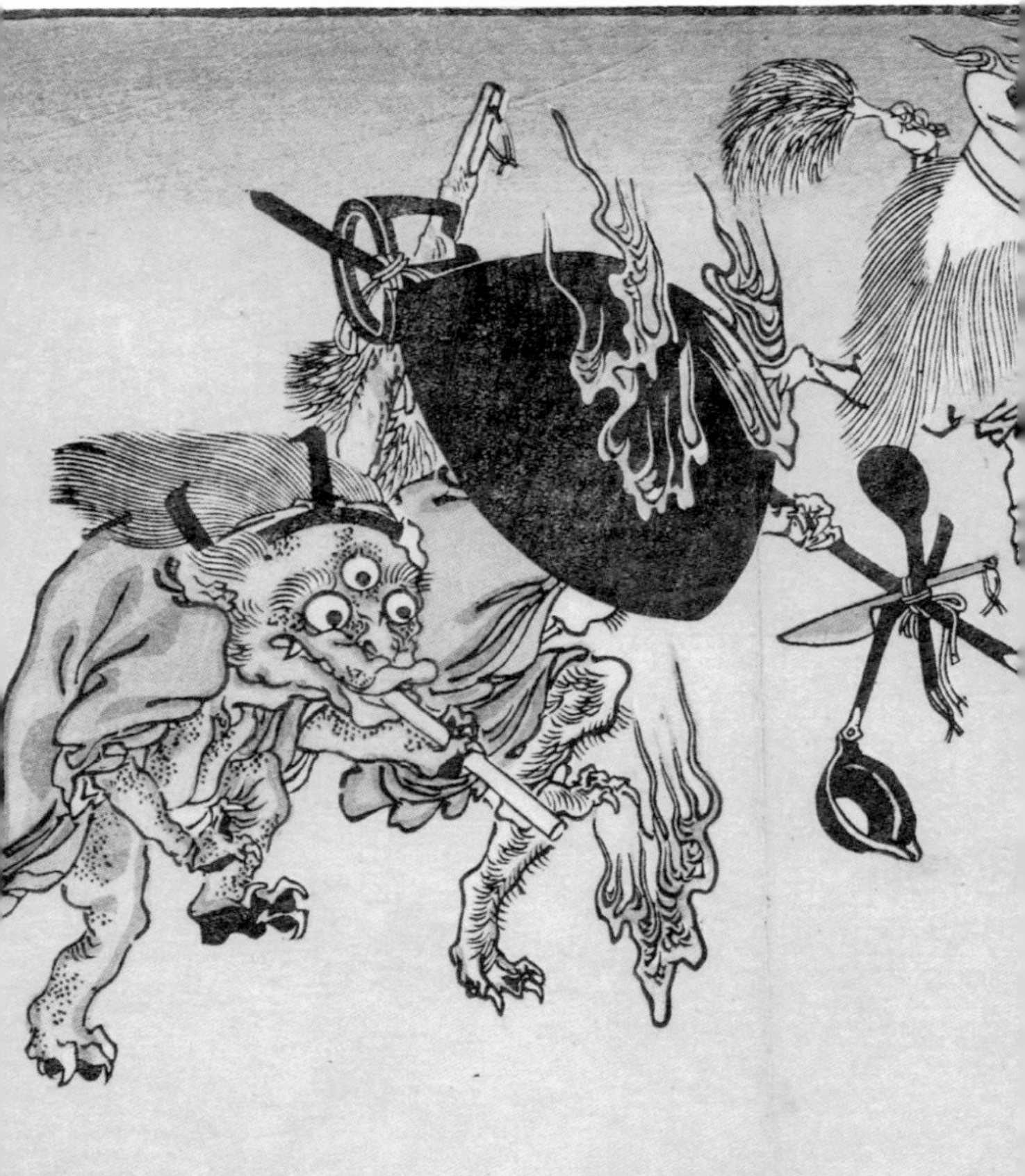

唐櫃《からびつ》

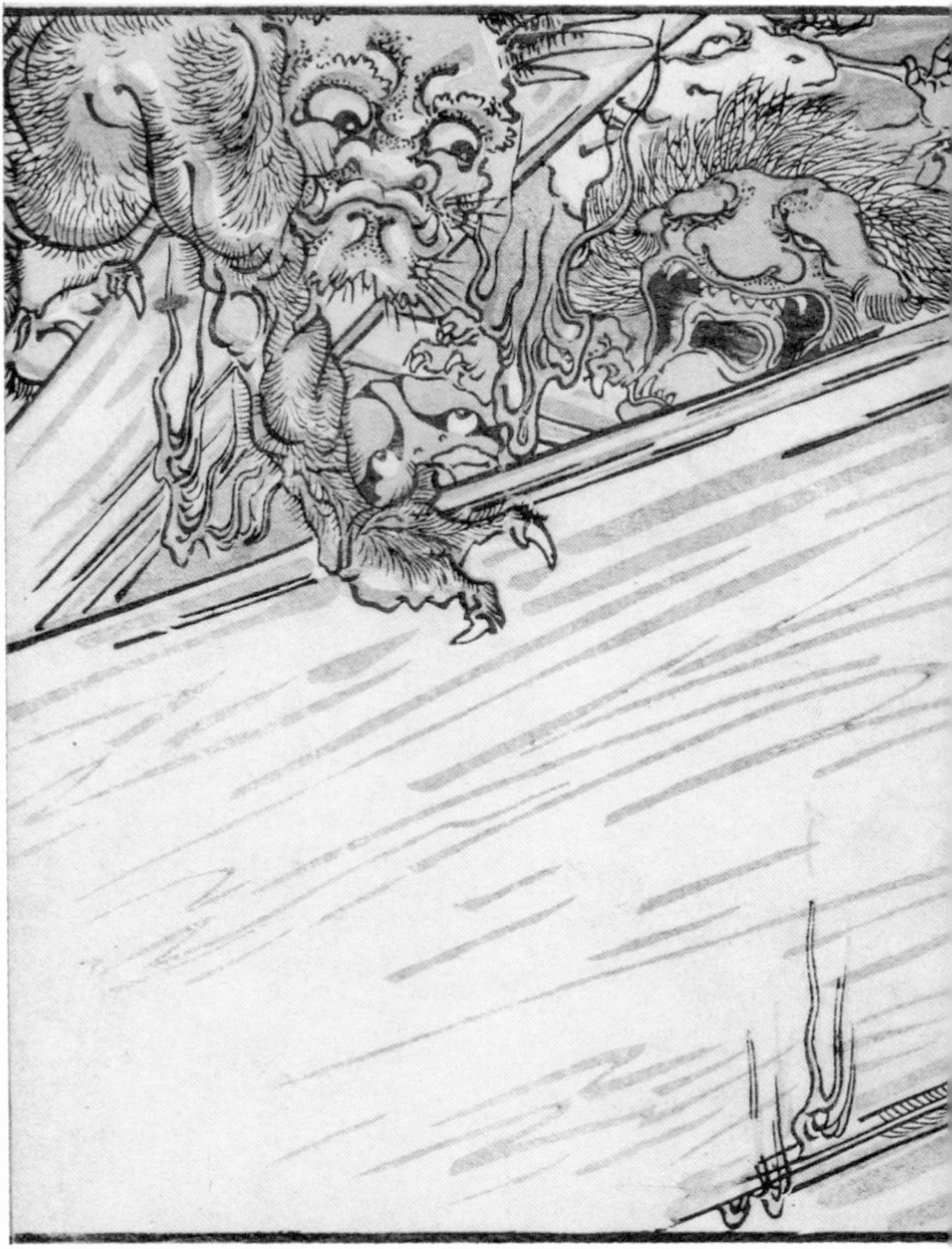

力鬼
ちからおに

銅鈸子《どうばつし》

天蓋釣《てんがいつり》

経不読《きょうよまず》

八乙女《やおとめ》

鐘叩《かねたたき》

猫又《ねこまた》

ぬらりひょん

姑獲鳥《うぶめ》

山童《やまわらわ》

空穂《うつぼ》

塗仏《ぬりぼとけ》

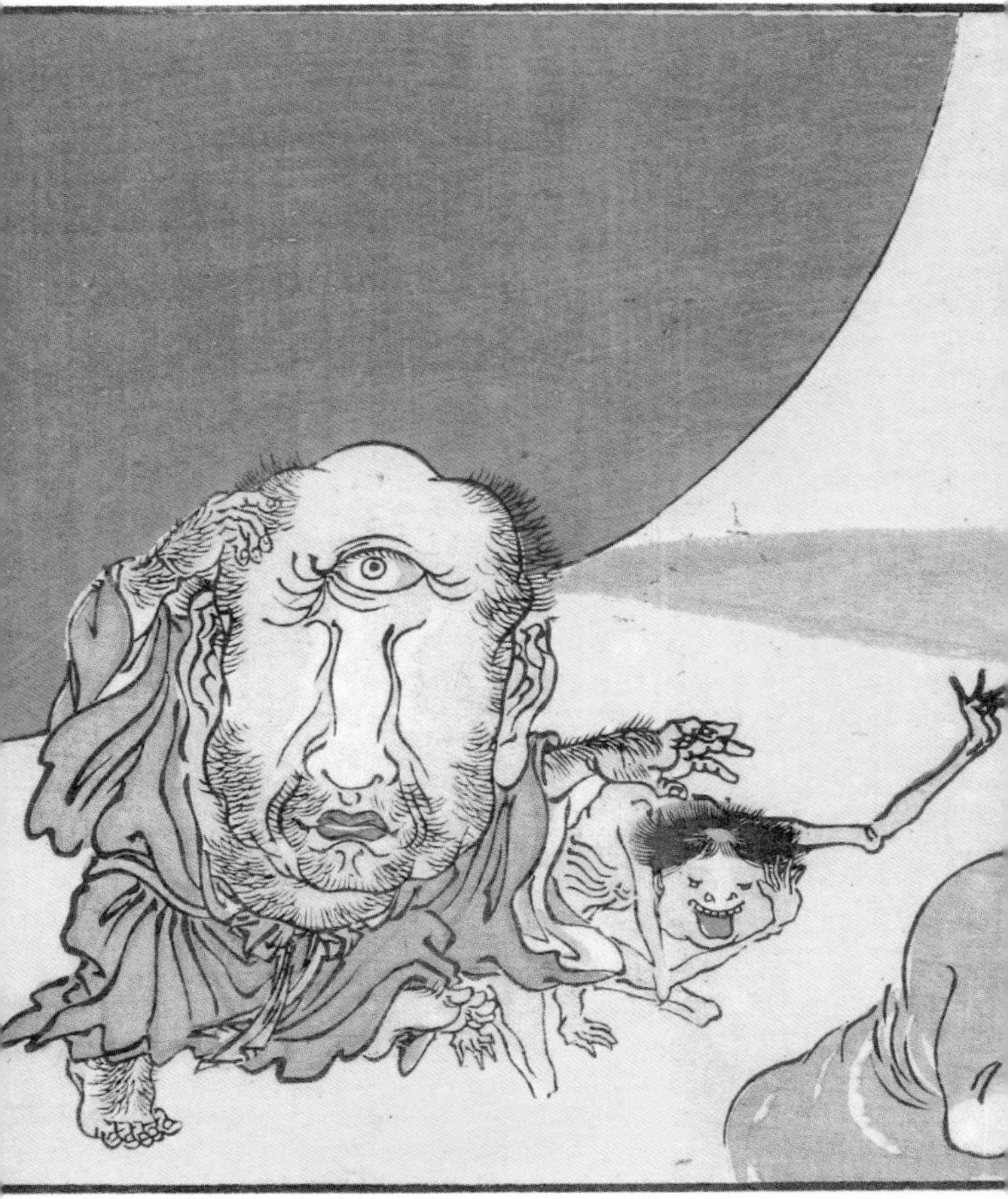

青坊主
（あおぼうず）

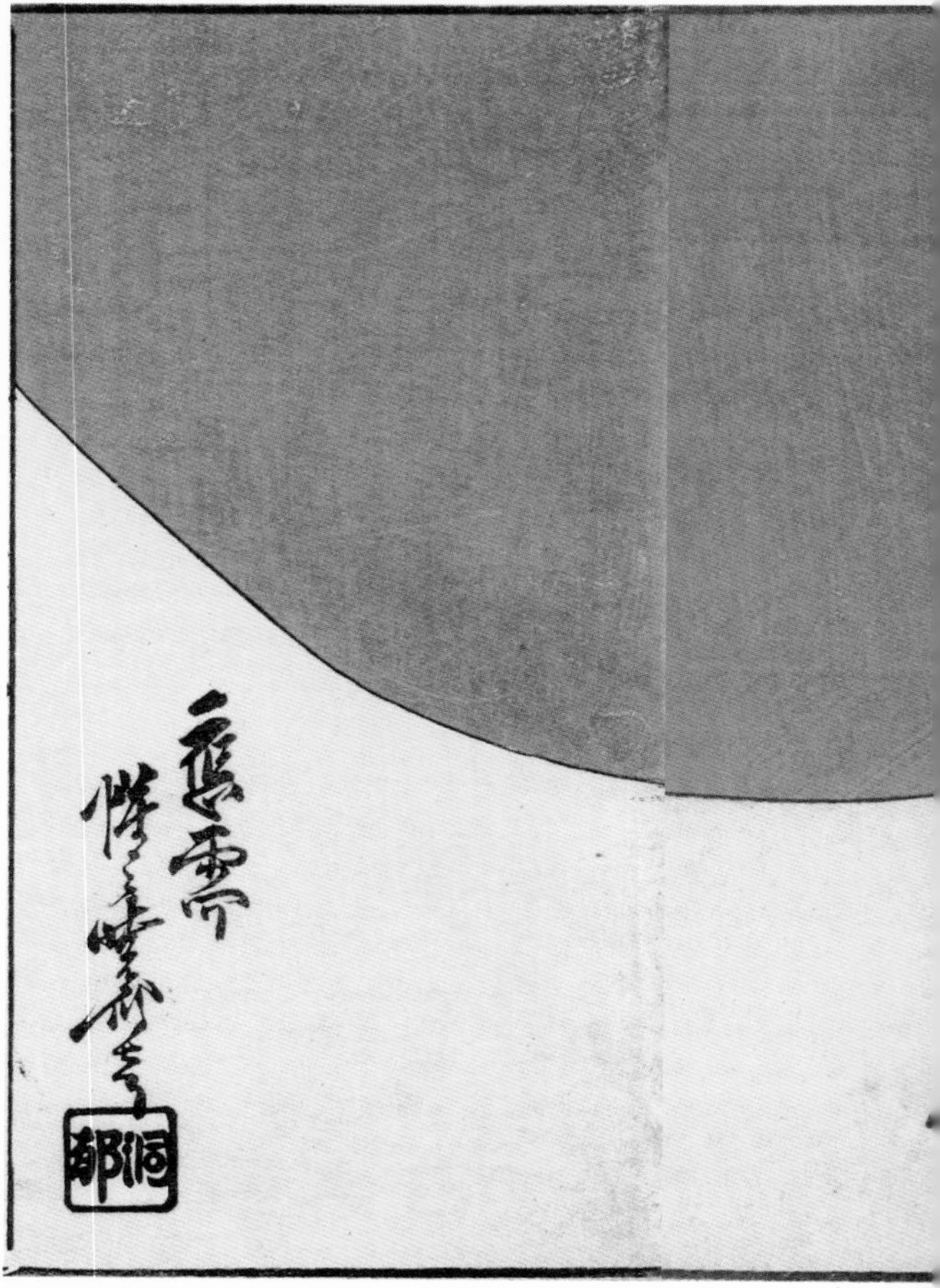
應需
惺々暁斎画
洞郁

巻末付録

妖怪カタログ［抜粋］

本書に収録した妖怪画には
総勢150もの妖怪たちが登場。
主なる妖怪30種を紹介する。

赤鬼《あかおに》・鬼《おに》

P139

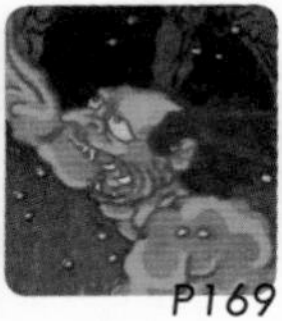
P169

P178

最も古典的な妖怪。そもそも「妖怪」という呼び名は近代以降からのこと。それまで異形のものは単に「もの」、「化物《ばけもの》」、「物怪《もののけ》」、あるいは、目には見えない怪異や存在を「隠《おん》」と言っていたことから派生した「鬼」と呼ばれていた。現在でもお馴染みの鬼の姿は、鬼門の方位が丑寅《うしとら》にあるところから、牛の角と虎の皮のパンツの姿が創作したと考えられる。

お岩《いわ》さん

P97

P160

現代にいたるまで落語や舞台、映画化される怪談話の定番「四谷《よつや》怪《かい》談《だん》」に登場する幽霊。夫に惨殺された妻お岩が、怨霊となって夫に復讐を果たす話で、元禄時代に実際にあったとされていた。江戸時代の市井や世相を描写で評判が高かった四代目《よんだいめ》鶴屋《つるや》南北《なんぼく》が、この都市伝説を元に舞台化。この歌舞伎狂言が大当たりし、その後、葛飾北斎をはじめとした多くの浮世絵師が描いた。お岩の顔が醜く腫れ上がって描かれるのは、夫に盛られた毒によるものである。

刑部姫《おさかべひめ》

P64

姫路城（兵庫県姫路市）の天守やぐらに古くから棲んでいるといわれている。緋色の袴に十二単を纏った気高い老婆の姿をし、ひとと会うことを嫌い、ただ、一年に一度だけは城主とだけ対面をするという。由来には諸説あるが、天武天皇の息子・刑部親王《おさかべしんのう》の娘だとも、伏見天皇に寵愛をうけた女房の霊ともいわれているが、老狐だというのが一般的。『諸国百物語』や井原西鶴《いはらさいかく》の『西鶴諸国ばなし』など、多くの怪談話に登場する。

骸骨《がいこつ》・髑髏《どくろ》

P107

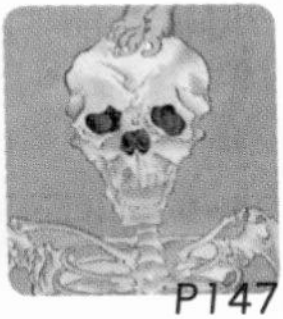
P147

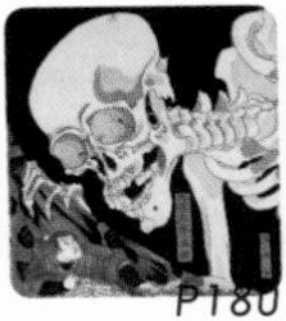
P180

江戸中期は、本草学（博物学）がさかんになり、蘭学や医学の発展した時期である。そして日本初の本格的な解剖学の書『解体新書』が刊行されたのは安永三（一七七四）年。こうした近代的な知のあり方は、妖怪画の歴史ともクロスオーバーする。妖怪の姿に名を記した博物図鑑の類いが描かれはじめ、合理的な骨格の骸骨や髑髏《どくろ》が妖怪として姿を現すようになる。

一本足《いっぽんあし》（からかさお化け）

P117

画中表記は「一本足」。ただし、この姿の妖怪は「からかさ小僧」、「からかさお化け」と呼ばれるのが一般的。傘の体に一本足、長い舌を出したおどけた表情が特徴で、江戸中期以降、多く描かれている。しかし、妖怪がもともと民間伝承や現象にかたちや名前が与えられて創作されてきたのに対し、この妖怪には具体的な伝承が残されておらず、江戸中期に妖怪が娯楽化、キャラクター化されるなかで生まれたと考えられている。

河童《かっぱ》

P83

全国に伝わる水の妖怪。姿や名前は地方により異なるが、共通している特徴は、キュウリや人間の肝が好物で相撲が得意だということ。河童は水神の化身とされ、キュウリは供物として欠かせなかった。人間の肝が好物というのは、ひとびとが水死した遺体のふくれあがった腹を見て、河童に内蔵を引き出されたと解したのだろう。また、神事であった相撲で河童が勝つと、夏場、農耕に必要な水がもたらされると伝えられていた。

がんばり入道《にゅうどう》

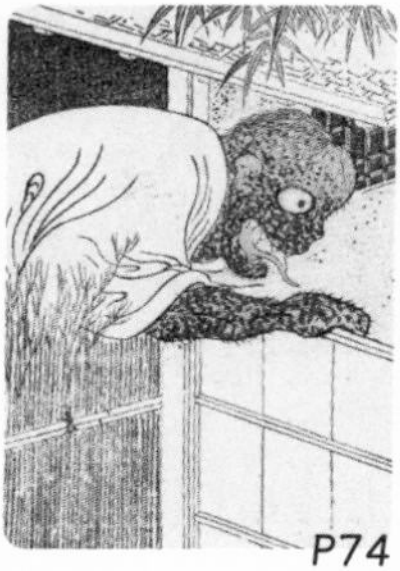
P74

「がんばり入道、ホトトギス」と唱えれば、夜中の厠《かわや》で妖怪に会わずにすむという言い伝えが江戸時代にはあった。厠は民家でも暗い離れに位置し、その恐怖心を和らげるためにこのような迷信が生まれたのかもしれない。ただ、この迷信には諸説あり、この呪文で、入道が現れ、その頭を左の袖に入れると小判に変わるという幸福を招く場合と、その一方で大晦日にこの呪文を唱えると禍いがもたらされるともされている。

九尾《きゅうび》の狐《きつね》

P122

中国に由来する尾が九本ある狐の妖怪。紀元前二〜紀元三世紀に編まれた中国最古の地理書『山海経《せんがいきょう》』にも記述がある。時の権力者を美貌と悪知恵とで惑わせては国を滅ぼしてきたという。古くはひとびとに禍いをもたらす妖怪として恐れられてきたが、その強力な神通力から、いつしか神として祀られるようになった。江戸時代には歌舞伎や人形浄瑠璃などで主題となり、ポピュラーな妖怪として知られるようになった。

沓頬《くつつら》

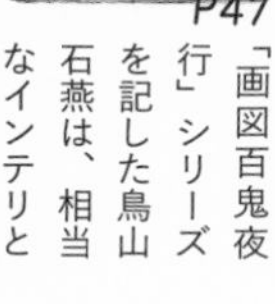
P47

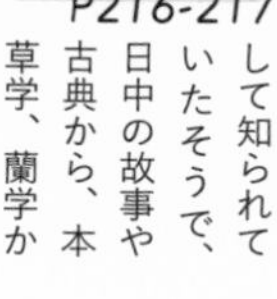
P216-217

「画図百鬼夜行」シリーズを記した鳥山石燕は、相当なインテリとして知られていたそうで、日中の故事や古典から、本草学、蘭学から能、狂言、歌舞伎の類いまでの幅広い知識を持ち合わせていた。石燕が創作した妖怪は、このような知識を結集している。沓頬も、「瓜田《かでん》に靴を納《い》れず、李下《りか》に冠《かんむり》を正さず」といった中国の古い諺と、室町時代の《百鬼夜行絵巻》（大徳寺真珠庵蔵）に描かれている、頭部が沓の妖怪に想を得て、石燕が創作したと考えられている。

琴古主《ことふるぬし》・琵琶牧々《びわぼくぼく》

P209

P209-210

誰もいないはずの座敷から、夜な夜な琴の調べが聴こえてくる。とすれば、それは琴古主の仕業である。かつての持ち主の霊魂が取り憑いているのだろうか。奏でる者を失い、ただ、古びて座敷の隅に打ち捨てられていた琴が、その音色を忘れられることがないよう、自らが奏でているのかもしれない。楽器の妖怪にはほかに、棘琵琶《おどろびわ》(琵琶牧牧《びわぼくぼく》)があり、どちらも室町時代に描かれた真珠庵本《百鬼夜行絵巻》に登場している古くから知られている妖怪である。

小平二《こへいじ》

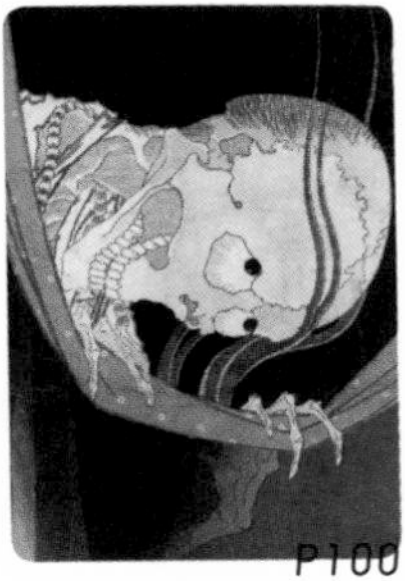

P100

うだつの上がらない歌舞伎役者・小平二が、ようやく当たり役を得て名を上げた。その役所とは幽霊。ところが、妻の密通相手に旅公演先で殺害されてしまう。その後、不倫相手が小平二の家に訪れると、なにごともなかったように寝ている小平二。これは亡霊だったが、幽霊役があまりにも上手かったため、本物の幽霊を生前の小平二と見間違えてしまったのだ。その後、妻と不倫相手には怪異が続き、ついには惨死を遂げた。

しょうけら

P32

庚申信仰《こうしんしんこう》に由来するとされる妖怪。庚申の夜に寝てしまうと、身体から三尸《さんし》虫《ちゅう》という虫の妖怪が抜け出し、天に昇って天帝にその人間の罪悪を告げ、天帝は、その人間の命を奪うという信仰があった。そこでこの日は眠らずに過ごすのが習わしだった。詳しいことはわかっていないが、しょうけらは、庚申の夜に現れ、ひとびとが寝ずにいるか、あるいは寝ている人間はいないか偵察する妖怪ではないかと考えられている。

すじかぶろ

P80

奈良の遊郭で、夜な夜な赤ん坊の泣き声がしたという。不思議に思った主人が、屋敷を調べると、痩せ細った見たこともない幼女が現れ、客が帰った座敷に入っては、酒の肴の残りに貪りついている。そしてどこともなく消えていった。夜が明けると、座敷にも廊下にも昨晩の幼女のものと見られるものの爪痕が筋となって残っていた。そしてこの妖怪は「すじかぶろ」と名付けられた（遊女付きの少女を「禿《かぶろ》」という）。

狸《たぬき》

P62

狸は、狐《きつね》や獺《かわうそ》、狢《むじな》などと並び、化けてひとをだましたり、取り憑き、禍いをもたらすとされた動物の妖怪である。日本各地にさまざまな伝承が残されており、『日本霊異《にほんれいい》記《き》』や『宇治拾遺物語』といった文献にも登場している。「百鬼夜行」にも器物の妖怪に交じり、《鳥獣戯画》同様に擬人化された妖怪として描かれているが、江戸時代になると、狸はひとを脅かす妖怪というよりは、笑いの対象としての妖怪の性格が色濃くなる。

土蜘蛛《つちぐも》

P149

P158

P187

『古事記』や『日本書紀』ほか、各地の風土記にもその名が出てくるほど古くから知られていた妖怪。絵画史上では、14世紀頃に源頼光《みなもとのよりみつ》の討伐物語が題材になった『土蜘蛛草紙』として登場する。江戸時代、明治初期の浮世絵では、妖怪討伐する勇者を讃える武者絵や、幕府に対する諷刺など、時代精神を反映させながらアレンジされ、描き継がれていく。

豆腐小僧《とうふこぞう》

P59

P193

大振りの笠にお盆に乗せた紅葉豆腐。雨の夜にひとの後をつけ歩くが、怖がられもせず、気が小さくて悪さもできない妖怪。江戸中期に黄表紙（現在でいうマンガ）に登場して以来、一躍人気キャラクターに。このような妖怪キャラクターの誕生は、妖怪が土着の信仰や不可解なことの畏れの対象ではなく、好奇心と娯楽の対象へと変化していったことにある。ちなみに、本書でも登場する、豆腐小僧によく似た、茶托に湯飲み茶碗を乗せた小僧は親戚である。

泥田坊《どろたぼう》

P38

北国に暮らす老父が、息子のためにとわずかな田んぼを手に入れ、厳しい天候の折りにも休むことなく、日々、これを耕し続けた。しかし、老父が亡くなると、息子は農業を継ぐどころか、酒ばかり飲んで放蕩三昧。しまいには、田んぼを売り払ってしまったという。すると、夜な夜な、一つ目の妖怪が現れて、その田んぼに半身埋まりながら、三本しかない指の腕をかざし、「田を返せ、田を返せ」と悲痛な声を上げたという。

如意自在《にょいじざい》

P173

器物が化けた付喪神の一種。如意とは法会の際に僧侶が使う仏具で、手の届かない場所に伸ばして使う、ちょうど「孫の手」のような道具である。それが転じて、「痒いところに手が届く」、いわば意のままに手を伸ばしてくれる妖怪のことである。この妖怪は鳥山石燕の『百器徒然袋』で描かれているが、この他にも、木魚と達磨が合体した木魚達磨《もくぎょだるま》や経典の妖怪・経凛々《きょうりんりん》、払子が化けた払子守《ほっすもり》など、仏具の妖怪が描かれている。

ぬっぺらぽう

P37

夜中になにやら人影らしきものが歩いているのを見かけるが、それは身体と顔の区別がつかず、かろうじてあると思しき顔には目鼻がない「のっぺらとした」単なる肉のかたまりのだったという。ひとに危害を与えることもなく、ただ、その姿態で驚かせる。時代が下がると、もとの一頭身の肉塊ではなく、一見は普通の人間の外見だが、顔には目鼻口がついていない妖怪として描かれることが多くなる(=のっぺらぼう)。

ぬらりひょん

P235

妖怪の親玉と目され、旦那衆のような着物を着込み、夕食どきの忙しい時分に現れては、勝手に座敷に上がり込んで茶をすすり、主人のキセルを吹かせたりして、人知れず去っていくという。「ぬらり」とは滑らかなさま、「ひょん」とは思いがけないことを意味する、文字通り、つかみどころのない妖怪である。岡山県では、同名の妖怪が海面にひょんと現れては、漁師たちの手からぬらりと逃げる海坊主の類いとして伝わっている。

塗《ぬり》仏《ぼとけ》

P34

P240

鳥山石燕の『画図百鬼夜行』では、仏壇から飛び出した真っ黒な肢体に、目の玉が飛び出た姿で描かれている。石燕のそれにも解説はなく、この他にも、妖怪図鑑形式で描かれた「百怪図巻」「化物づくし」といった絵巻物にも散見するが、どのような妖怪かは定かではない。仏壇から現れてひとびとを驚かせたり、怠けている僧侶たちに説教するなど諸説ある。あるいは、屍のような黒い肌、「塗」が穢れも意味していることから、ゾンビだとする説もある。

鼻高天狗《はなたかてんぐ》・烏天狗《からすてんぐ》

P86

P142

P185

「天狗」とはもともと天空を自由に飛ぶ狗《いぬ》の意味。日本全国で広く信じられ、古来の山に対する畏れと信仰が結びついた妖怪で、山の怪奇を引き起こすとされた。奈良時代には仏法を妨げる天魔として疎まれ、山岳信仰においては山の精霊や守護神として信じられた。なお、天狗には「鼻高天狗《はなたかてんぐ》」「烏天狗」、そしてもっとも低い位の「狗賓《ぐひん》」がいる。

火間蟲入道《ひまむしにゅうどう》

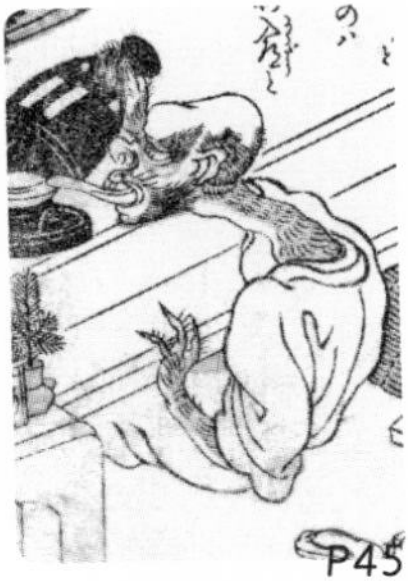
P45

怠け者が死後に化けた妖怪だといわれている。夜なべに精を出している勤勉なひとを見つけると、現れては、行灯《あんどん》の火を消して仕事をできなくしてしまうという。鳥山石燕の『今昔百鬼拾遺』にも、縁側の下からはい出て、行灯の油を嘗める姿で描かれている。江戸時代の句には、「世の中をらくにへまむしよ入道あればあたままなけりやそのぶん」とあり、泰平の世が続いた時代の享楽的な価値観が生んだ妖怪と考えられる。

ひょうすべ

P33

佐賀県や宮崎県など九州地方に伝わる河童の一種だとされる。河童の好物がキュウリだとしたら、ひょうすべは初もののナスだという。河童の一説と同様に、春夏と秋冬で山と川とを行き来し、そのときに「ひょうひょう」との声を上げるのが名前の由来だといわれているが、定かではない。起源は古代中国で、水神、武神の兵主神《ひょうずしん》が伝わったとされ、これが名前の由来との説もある。ただ、日本では食料の神として祀られている。

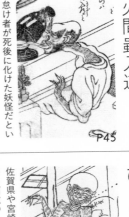

袋狢《ふくろむじな》

P219

身の丈に合わない、ひときわ大きな宿直袋《とのいぶくろ》（宿直用の布団を入れた袋）を担いだ女官風の狢の妖怪。室町時代の《百鬼夜行絵巻》（大徳寺真珠庵蔵）にもみえる妖怪で、鳥山石燕はこれに想を得て、『百器徒然袋』で描いたとされる。石燕が付した解説には、穴の中にいる狢を見込むことは、手に入れていないものを評価すると同じで難しいとの諺を引いており、狢よりも大きな袋に重きを置いた器物の妖怪と解されている。

船幽霊《ふなゆうれい》

P144

海、あるいは湖沼や河川など、水上で起きる怪異のこと。水難事故で命を落とした者たちの浮かばれない霊が化けて、自分たちの仲間に引き込もうと水中から現れて、生きているものたちを襲うという。日本全国に広く伝わっている妖怪であり、江戸の怪談話や随筆、民族的資料に散見する。亡霊だけが現れる場合や沈没した船とともに出現する場合（＝幽霊船）、海坊主や怪火なども意図する場合もあり、その伝承や姿はさまざま。

文福茶釜《ぶんぶくちゃがま》

P161

群馬県館林市の茂林寺《もりんじ》にはいくら湯を汲んでも尽きない茶釜があった。これは一〇代住職に仕えた守《しゅ》鶴《かく》という僧が愛用していた茶釜で、この守鶴はじつは人間に化けて寺を守っていた古狸だった。この茶釜が「福を分け与える」、あるいは「ぶくぶく」といつも煮立っている様子から「分福」と名付けられたのが名前の由来。童話の「文福茶釜」のルーツとなった妖怪で、動物による人間への恩返しを物語る伝説のひとつである。

入道《にゅうどう》（大入道・見越入道・三ツ目入道）

P76

P111

P162

坊主頭の巨人の妖怪で、ほぼ全国に伝わっている。身の丈は一丈（約3.3メートル）とも、それ以上ともいわれ、しかも見上げれば見上げるほど大きくなる。江戸時代、妖怪の種類が増えるにつれ、入道にも見越以外のバリエーションが見られる。もともとは首が長い妖怪ではないが、そのスケール感を絵で表現するためか、飛頭蛮《ろくろくび》のような姿で描かれることが多い。

幽谷響《やまびこ》・山彦《やまびこ》

P31

山や谷で声を発したとき、それが斜面に反響することで聴こえてくるこだま現象は、昔は山に棲む妖怪の仕業と考えられてきた。あるいは、樹々に宿る精霊が応えると考えられ、それを「こだま（木魂）」と呼んだという。人の声だけではなく、昼夜問わず、時折聴こえる山鳴りのような怪異もまた、この妖怪に拠るものだとされた。鳥山石燕の『画図百鬼夜行』や佐脇崇之《百怪図巻》では猿、あるいは狸のような姿で描かれる。

飛頭蛮《ろくろくび》・轆轤首《ろくろくび》

P84

P129

江戸時代に最もよく描かれた妖怪のうちのひとつ。歌舞伎の怪談ものでも、首が伸びる仕掛けは観客たちに大好評で、人気のある妖怪だった。日中は普通の女の姿だが、夜中になると首が伸びる。獲物を探しまわるために自ら首を伸ばす怪女と、知らない間に首が伸びて欄干を枕に寝ていた女中や遊女などの話がある。なお、「ろくろ」とは陶芸で台に乗せた粘土を回しながら伸ばす道具に由来し、中国伝承の首が長い妖怪「飛頭蛮《ひとうばん》」に字を当てている。

謝辞

本書を編集するにあたり、快く取材に応じ、ご指導いただいた研究者の方々、また、貴重な資料をお貸出しくださった多くの人々および団体にご支援をいただきました。この場を借り、敬意と感謝の意を表したく思います（以下50音順、敬称略）。

飯倉義之（国際日本文化研究センター）
板倉聖哲（中国絵画史、東京大学東洋文化研究所）
香川雅信（兵庫県立歴史博物館）
纐纈久里（大屋書房）
椹木野衣（多摩美術大学教授）
辻　惟雄（日本美術史、MIHO MUSEUM 館長）
日本経済新聞社文化事業部

主要参考文献

■柳田國男『**妖怪談義**』講談社 1977年■アダム・カバット校註編『**江戸化物草紙**』小学館、1999年■アダム・カバット校註編『**大江戸化物細見**』小学館、2000年■アダム・カバット『**江戸滑稽化物尽くし**』講談社、2011年■清水勲『**江戸のまんが**』講談社学術文庫、2003年■人間文化研究機構 監修／国立歴史民俗博物館・国文学研究資料館・国際日本文化センター 編『**百鬼夜行の世界**』大学共同利用機関法人、2009年■谷川健一 監修『**別冊太陽 No.57 日本の妖怪**』平凡社、1987年春号■小松和彦 監修『**別冊太陽 No.170 妖怪絵巻 日本の異界をのぞく**』平凡社、2010年■香川雅信『**江戸の妖怪革命**』河出書房新社、2005年■兵庫県立歴史博物館・京都国際マンガミュージアム（京都精華大学国際マンガ研究センター）編 ふくろうの本『**図説 妖怪画の系譜**』河出書房新社、2009年■鳥山石燕『**鳥山石燕 画図百鬼夜行全画集**』角川書店、2005年京極夏彦 文／多田克己・久保田一洋 編『**北斎妖怪百景**』国書刊行会、2004年■京極夏彦 文／多田克己 編・解説『**暁斎妖怪百景**』国書刊行会、1998年■悳俊彦 編『**芳年妖怪百景**』国書刊行会、2001年■岩切友里子 監修『**没後一五〇年 歌川国芳展**』（展覧会カタログ）日本経済新聞社、2011年■京都国立博物館 監修『**特別展覧会 絵画の冒険者 暁斎 Kyosai 近代に架ける橋**』（展覧会カタログ）京都国立博物館、2008年■『**没後一五〇年 破天荒の浮世絵師 歌川国芳**』（展覧会カタログ）NHKプロモーション、2011年■安村敏信 監修・解説『**河鍋暁斎 暁斎百鬼画談**』筑摩書房、2009年■辻惟雄『**幽霊名画集 全生庵蔵・三遊亭円朝コレクション**』筑摩書房、2008年■辻惟雄『**岩波 日本美術の流れ7 日本美術の見方**』岩波書店、1992年■水木しげる 画／村上健司 編著『**日本妖怪大事典**』角川書店、2005年■『**怪 VOL.0032**』角川書店、2011年■『**怪 荒俣宏の奇想秘物館 陰陽妖怪絵巻 絵解**』角川書店、2002年■荒俣宏 監修『**太陽の地図帖 008 水木しげるの妖怪地図 47都道府県 ご当地妖怪を訪ねる**』平凡社、2011年■水木しげる『**妖鬼化 水木しげる 作家活動50周年記念出版原画集 第1～8巻**』ソフトガレージ、1998～1999年

妖怪萬画 YOKAI MANGA vol.2
絵師たちの競演
Ukiyoe of Monstrous Creatures

発行　二〇一二年三月二五日　初版
二〇二一年十月一〇日　第九刷

序文　椹木野衣
ブックデザイン　祖父江慎＋鯉沼恵一（コズフィッシュ）
プリンティング・ディレクター　熊倉桂三（山田写真製版所）
制作管理　板倉利樹（山田写真製版所）
印刷　株式会社山田写真製版所
製本　渋谷文泉閣
発行者　片山誠
発行所　株式会社青幻舎
京都市中京区梅忠町9-1
Tel. 075-252-6766　Fax. 075-252-6770
http://www.seigensha.com

Printed and Bound in Japan
ISBN978-4-86152-329-8 C2071 ¥1500E